AF342811

EUGÈNE MARSAN

CHRONIQUE DE LA PAIX

OU

LA VIE QUOTIDIENNE DES FRANÇAIS D'APRÈS LA GUERRE

neuvième édition

PARIS

ÉDITIONS DE LA

NOUVELLE REVUE FRANÇAISE

3, rue de Grenelle, (VIᵐᵉ)

CHRONIQUE DE LA PAIX

8° Lb⁵⁷ 18339

DU MÊME AUTEUR

Amazones (Ed. Champion). 1922.

Passantes *(Le Divan)*. 1923.

Les cannes de M. Paul Bourget suivi de Le bon choix de Philinte, petit manuel de l'homme élégant, avec des gravures sur bois d'*Henri Farge*.
(Le Divan). 1923.

Pour mémoire

Sandricourt. Au pays des Firmans, contes politiques. 1906 *(épuisé)*.

Traduction

Le Fascisme, de l'italien de *Gorgolini*, avec préfaces de MM. *Mussolini* et *Jacques Bainville*.
(Nouvelle Librairie nationale). 1923.

A paraître aux Éditions de la Nouvelle Revue Française

Dans la collection « Une œuvre, un portrait ».

Comme le vent, avec un portrait gravé sur cuivre par *Foujita*.

EUGÈNE MARSAN

CHRONIQUE DE LA PAIX

OU

LA VIE QUOTIDIENNE DES FRANÇAIS
APRÈS LA GUERRE

neuvième édition

PARIS

ÉDITIONS DE LA

NOUVELLE REVUE FRANÇAISE

3, rue de Grenelle (VIᵐᵉ)

IL A ÉTÉ TIRÉ DE CET OUVRAGE APRÈS IMPOSITIONS SPÉCIALES CENT DIX EXEMPLAIRES IN-QUARTO TELLIÈRE SUR PAPIER VERGÉ PUR FIL LAFUMA-NAVARRE DONT HUIT HORS COMMERCE MARQUÉS DE A A H, CENT EXEMPLAIRES RÉSERVÉS AUX BIBLIOPHILES DE LA NOUVELLE REVUE FRANÇAISE NUMÉROTÉS DE I A C, ET UN EXEMPLAIRE NUMÉROTÉ CI ET SEPT CENT QUATRE-VINGT-DIX EXEMPLAIRES DE L'ÉDITION ORIGINALE SUR PAPIER VÉLIN PUR FIL LAFUMA-NAVARRE DONT DIX EXEMPLAIRES HORS COMMERCE MARQUÉS DE a A j, SEPT CENT CINQUANTE EXEMPLAIRES NUMÉROTÉS DE 1 A 750, ET TRENTE EXEMPLAIRES D'AUTEUR HORS COMMERCE NUMÉROTÉS DE 751 A 780.

TOUS DROITS DE REPRODUCTION ET DE TRADUCTION RÉSERVÉS POUR TOUS LES PAYS Y COMPRIS LA RUSSIE. COPYRIGHT BY LIBRAIRIE GALLIMARD, 1923.

LE RETOUR DES SOLDATS

14 juillet 1919

Les païens ont tort, les Français raison.

LA CHANSON DE ROLAND.

Pas de fenêtre, pas de jumelles. Il fallait voir les visages. Il fallait voir les yeux. Etre une âme et un cri dans la foule.

Dimanche, dix heures du soir, aux Champs-Élysées : je prends la dernière place libre contre la blanche barrière, à l'angle de la rue de La Boétie. Nous sommes là gens de patience. Ce qui passe et repasse sur la chaussée, une jeunesse enivrée et qui chante, nous jette des regards de pitié, parfois la poignée de sel d'une plaisanterie. Nous restons fermes dans la nuit, de plus en plus belle et froide et pure, éclairée par une forte lune.

A droite, l'Arc-de-Triomphe, où le frêle monument élevé aux morts brille d'un feu doux. A la pierre immortelle, l'atmosphère d'un astre, dont les rayons ont capté la poussière de l'espace. Sur la gauche, on suit à perte de vue les grands mâts écussonnés, deux à deux, et les deux interminables guirlandes d'étoiles qui fuient, selon la définition des parallèles, sans se rencontrer jamais, sinon à l'infini. Quelque part au-dessus des Tuileries.

Le jour se lève... A vrai dire, une Aurore citadine est demoiselle qui n'admet personne à son lever : on la voit paraître, elle est déjà apprêtée et brillante. Mais nous n'attendons pas que son charme nous occupe, il nous suffit qu'elle ne soit pas pleurarde ; nous l'examinons à la manière du Vieux Major, non à celle d'Homère. Pourtant, quelle grâce à se répandre ! Non teinte de rose ni de nacre, mais pâle, d'un bleu d'ardoise, versant de loin cette clarté dont la source reste cachée et qui grandit de toutes parts.

Le jour a surpris tout le monde... Si vous avez eu le courage d'entrer dans votre lit ce soir-là et la lâcheté d'y dormir, interrogez quiconque a passé la nuit à attendre, dévoré d'une ardeur intérieure. Nul ne l'a trouvée longue. Ni le gamin perché sur la pliante branche d'un arbre ou la croix d'un réverbère, ni l'élégante Parisienne qui gisait contre le sol, ni l'homme de précaution campé sur un pliant, ni le rêveur debout, pareil à l'échassier. Tous imaginaient à l'envi un bonheur incomparable.

Les vainqueurs revenaient. Comme, dans la cité, les pères, les maris et les frères d'autrefois, lorsqu'ils repassaient en armes, ayant détruit l'assiégeant, les portes de l'enceinte... Mais une ville ne tiendrait plus ces armées. Le cortège des victorieux n'est plus, abrégé, que le symbole des anciens triomphes. Les drapeaux y représentent les nations du monde, et le nôtre tous nos foyers délivrés. Allégresse des canons, dans la foule émue par les réminiscences.

C'est quand le ciel est mesuré par les colonnes et les voûtes qu'il paraît le plus grand, et comme il est bleu, léger, immense, entre les parois de l'Arc ! Cette porte, la plus belle, ouverte pour laisser passer une Gloire prodigieuse, vêtue de crêpe.

Les blessés d'abord, portés au premier rang par l'universelle piété qui les regarde comme des intercesseurs entre la terre contente et le gouffre de la mort. Ils passent devant les chapeaux et les mouchoirs. Le peuple qui criait déjà s'est tu soudain, pour une salutation muette où l'on dirait que tremblent les mains levées.

Les deux Maréchaux de France mènent les armées de la planète.

Foch, grave et immobile, statue de la méditation. L'ordre des pensées qui ont sollicité, séduit et fixé la chance, habite encore la belle tête régulière. Il fait penser à Turenne, lui ressemble, et l'on imagine dans les airs le remous d'une grande aile. Joffre a le dolman noir, le pantalon rouge, les couleurs de la première Marne. Sous la moustache blanche, dans le bon gros visage, le sourire de la bonne grâce. Et la foule crie sans fin les deux noms, a jeté les deux noms, qui roulent comme un orage d'été.

Le bâton de velours à la main, sur leurs chevaux à la robe sombre, les maréchaux précédaient immédiatement les Américains attentifs : les soldats, sous le casque de fer pareil à l'armet de Mandrin, les marins tout minces, sous le chapeau de toile repliée et la ceinture aux hanches. Ils veulent marcher alignés, corrects, impassibles, en bonne troupe bien exercée qui ne craint personne. Chacune des « rayonnantes bannières étoilées » est doublée d'une autre. Est-ce le signe des états qui n'ont pas aliéné en se fédérant cet attribut du souverain ?

Les Anglais remplissent les airs d'une tempête de cuivres. Quels uniformes, quels cuirs, quelles chaînes étincelantes ! Une grosse caisse détachée en pointe mène un bruit du diable : un coup à droite et l'homme regarde à gauche, un coup à gauche et l'homme regarde à droite, superbe chaque fois et si cambré sous la peau de panthère qui le décore du torse au genou, qu'il semble proclamer : « Voici les Seigneurs du monde ! » Orgueil anglais, vous éclatez dans le luxe des habits et dans l'assurance du regard. Les fantassins beiges sont légers et calmes comme des lévriers. Chez les marins il y en a de gros qui procèdent avec pompe, comme s'ils étaient conscients de la majesté de l'empire. Peuple singulier, où le paysan sous les armes paraît aussi noble qu'un lord, élégant comme lui, cossu, et la même âme imperturbable. La vieille Angleterre lève fièrement ses deux cents drapeaux historiques : étendards bigarrés de cette ancienne Europe où chaque régiment avait un blason. *Tipperary* sonne dans les trompettes. Ah ! fait la foule, et elle entonne *Tipperary*, guillerette comme pour danser.

Les Belges ressemblent aux Anglais pour la couleur du costume, aux Français pour le casque, aux armées d'il y a trois quarts de siècle pour la coupe du manteau et le bonnet de police à gland d'or. Ils passent au son de *Sambre-et-Meuse* : les deux douleurs pareilles et la même Victoire, évoquées par la même strophe. O Belgique exemplaire, le mot de Dante est pour toi ! « *E corto il parlare...* »

Les Grecs de Venizelos suivent un drapeau militaire pareil à d'anciens drapeaux de la France : la croix blanche, sur un fond bleu clair, fait pour remémorer, sous les autres cieux, « la merveille du monde [1] ». A ce même signe de la croix, dans le champ des fleurs de lys, l'univers a longtemps reconnu nos bannières de toutes couleurs, où déjà dominaient les trois d'aujourd'hui.

Le tricolore de Savoie repose sur l'épaule gauche des officiers porte-drapeaux, en diagonale, comme une bannière d'estampe. Les hommes portent le fusil horizontal et balancé dans la main droite. Bouderaient-ils ? Ah ! c'est aujourd'hui la fête unique des soldats, la vôtre, fantassins gris, alpins, bersagliers méconnaissables,

1. « O ciel de Paris, la merveille du monde après celui d'Athènes ». Jean Moréas *(Les Stances)*.

qui, tous, portez au collet l'étoile de l'Unité.
L'envie prend de vous crier le vieil hymne que
les rues de Rome ont chanté à l'appel de d'Annunzio : « *Fratelli d'Italia...* »

Nous les avions déjà vues, les nations, en 1916,
quand les Russes chantaient, en files, sur nos
boulevards (mais la sinistre révolution a démonté
les grands cavaliers étranges à la taille fine).
A la porte Saint-Denis, le fantôme de Louis XIV
a déjà vu les turbans, les chéchias, et sur l'épaule
des Hindous, contre la joue bronzée, la lueur
de fer des sabres vieux comme le monde. Noirs,
jaunes, blancs, tous les rois mages sont revenus :
les géants d'Afrique, les Arabes sur leurs chevaux ductiles, l'Inde coiffée de mousseline.

Les Roumains font songer aux plaines que
désolait le typhus. Les Serbes aux montagnes
qui nourrissaient de neige une armée exilée.
Et nos regards mélangent les siècles. Les Écossais
des hautes terres portent en vrais dandies la
jupette des vieux clans et le béret de tricot,
coiffure de montagne et de plein vent. Ils pressent
indolemment le ventre des cornemuses immémo-
riales. Cependant que les hommes du plus nouveau des continents ont leur chef ombragé du
chapeau, en souvenir de la guerre menée par
eux sous le soleil afin d'accroître sur terre la part
de l'homme. Les cavaliers d'Amérique ont l'étrier
de bois. Et les Polonais ont repris la vieille
shapska quadrangulaire. Fils des chevaliers qui
mouraient sous les murs de Vienne, protégeant
la chrétienté, ils dressent vers le ciel leur pavil-

lon de pourpre à l'aigle ressuscité, et ne peuvent croire leurs yeux.

Les hommes blonds que voilà, sous le béret bleu-de-roi, qui, traversant la Russie, ont fait dans la plaine sibérienne une nouvelle retraite des Dix-Mille, ils ont par miracle retrouvé leur langue étouffée par le conquérant : Tchéco-Slovaques, enfants, sous un autre nom, du vieux royaume de Bohême. Et les grands gars sont nos neveux d'Amérique qui avaient si fière mine sous l'aile relevée du feutre canadien. C'est ainsi que naquit, si vous l'ignorez, le tricorne français : on plia un bord, puis l'autre, puis un troisième, pour dégager les épaules et la nuque du tireur ou du cavalier gêné par le col de son manteau. Ils ont gardé notre parler. Vous pouvez leur chanter *Il était une bergère*, ou la chanson du brave capitaine qui, partant pour la guerre, cherchait ses amours, ou bien celle de Fragson, que l'infanterie française, sortant des tranchées, chanta le jour d'Hébuterne :

> Je connais une blonde
> Il n'y en a qu'une au monde...

Rassemblement de tous les peuples dans Paris, tant de visages et tant de cœurs pareils et différents, ambitieuse fanfare du Portugal, lointaine gravité japonaise, milliers de regards de l'homme industrieux, sang et murmure des races, les deux mondes, les cinq continents... Mais quand les clairons des nôtres se prirent à sonner...

On ne les voyait pas encore. L'on ne voyait

que la forêt des baïonnettes, longues aiguilles étincelantes dont le balancement communiquait aux ondes aériennes une vibration, une électricité, une poignante musique.

L'armée couleur du temps s'avance, parée, joyeuse, encore triste. Nulle autre n'a saigné comme elle, nulle autre n'est morte autant, et c'était sa propre terre qu'elle gardait, enfoncée dans la tranchée comme en un sillon plus large. A toutes les vertus que l'histoire reconnaissait aux Français, au courage, à l'héroïsme, ils ont ajouté la patience. Ils sauvaient les femmes et les maisons, les berceaux et les tombes, la moisson, la parole, l'esprit. Encore seuls, et moins nombreux que l'ennemi, ils étaient déjà vainqueurs. Ils n'auraient eu besoin de personne si le dernier jour de la première victoire les canons n'avaient pas manqué d'aliment. Ils ont fait ce qui n'était pas concevable. Quatre hivers, et la Grande Armée n'en eut qu'un. Cent assauts. Trois cent soixante cinq batailles par an pendant quatre ans. Et la pluie, et la neige, et le vent, et les mitrailleuses en rafale, et l'ouragan des obus, la flamme vomie à distance, et de mortelles vapeurs qui soudain tuaient sinueusement :

Du plus profond de la tranchée
Nous élevons les mains vers vous
Seigneur ! ayez pitié de nous
Et de notre âme desséchée.

Car plus encore que notre chair,
Notre âme est lasse et sans courage.

Sur nous s'est abattu l'orage,
Des eaux, de la flamme et du fer.

Vous nous voyez couverts de boue,
Déchirés, hâves et rendus...
Mais nos cœurs, les avez-vous vus ?
Et faut-il, mon Dieu, qu'on l'avoue ?

Nous sommes si privés d'espoir,
La paix est toujours si lointaine
Que parfois nous savons à peine
Où se trouve notre devoir.

Éclairez-nous dans ce marasme,
Réconfortez-nous et chassez
L'angoisse des cœurs harassés
Ah ! rendez-nous l'enthousiasme.

Mais aux morts qui tous ont été
Couchés dans la glaise et le sable,
Donnez le repos ineffable.
Seigneur ! ils l'ont bien mérité.

Que le poème de Jean Marc Bernard redise aux siècles cette passion de leur cœur souffrant, vivace, amer, fidèle, et trop souvent offensé. « Palmes ! » Sur le pas des survivants, on voudrait que le sol fût jonché de palmes.

En tête, le sauveur de Verdun, Pétain, troisième maréchal de France. La foule sur-le-champ en fait un quatrième, Castelnau, défenseur de Nancy. Elle enferme dans le réseau de ses cris, comme en un palais de cristal, Gouraud, dont le salut à main haute, son unique main, est d'une gravité mystique, Mangin, farouche capitaine, et Maistre, et Degoutte, Fayolle, Debeney...

es hommes qu'ils mènent ont été choisis dans les vingt et un corps parmi les meilleurs : dans le régiment ayant «la plus haute fourragère», une compagnie formée par les hommes le plus cités. Sur plus d'une capote unie brille un ruban rouge et partout la fierté du regard, mais aussi la simplicité, ce sourire qui surprend l'étranger. Leur race est fidèle à la poétique de La Fontaine : rien de trop. On rentre chacun chez soi, quelle veine !

Sous le numéro de chaque corps, porté par un officier à cheval, le nom d'une ville. La chair de la patrie a été blessée là et là. Aujourd'hui, elle y rayonne. Voici Amiens, Saint-Quentin, Péronne, voici Lille : silence, communion.

Ils ont ce pas que Watteau a peint, que Michelet a décrit, sous lequel le sol paraît élastique, mais c'est par don, nul ne s'efforce : vivent les amis ! La bouche rit sous la bourguignotte, les regards répondent. Et nous qui étions si éloquents, tout à l'heure, nous ne savons plus à présent que dire, nous n'osons pas essayer de dire l'indicible, les cris ordinaires semblent balourds, on en voudrait inventer, et la pudeur l'empêche. Quelqu'un près de moi répète à voix basse, les mains devant lui : « *Vous ! vous !* » Et une jeune fille aux beaux yeux, dont la voix s'est cassée, retrouve un souffle pour invoquer les drapeaux. « *Vive la France !* » dit-elle. Mais elle détache chaque syllabe, ce n'est plus un vivat jailli tout fait, c'est une prière dont elle repense chaque fois les termes et qu'elle murmure doucement, la face baignée de pleurs :

« Que vive à jamais la France, comme vous l'avez voulu, vous, les vivants et les morts ! »

Je n'ai pas encore dit le beau temps qu'il faisait.

PARIS RETROUVÉ

*Je vous gardais ces joyeux propos à
quand la paix serait faite, afin que vous
eussiez de quoi vous réjouir publique-
ment et privément et en toutes manières ;
mais quand j'ai vu qu'il s'en fallait le
manche, et qu'on ne savait par où la
prendre, j'ai mieux aimé m'avancer
pour vous donner moyen de tromper le
temps, mêlant des réjouissances parmi
vos fâcheries, en attendant qu'elle se
fasse de par Dieu.*

BONAVENTURE DES PÉRIERS.

LE DOUBLE VISAGE DE LA PAIX.

A mesure que le temps passe, dit Alceste mon
ami, nous voyons bien que les signatures de Versailles et de Saint-Germain n'ont pas apporté au
monde la tranquillité.

En 1870, un officier français prisonnier à
Mayence fut conduit par son hôte devant une
grande armoire. « *Nous espérions*, dit cet homme,
que les Français nous délivreraient. » L'armoire
était pleine de drapeaux français. Kléber était
Mayençais, le maréchal Ney, de Sarrelouis.

Les riverains du grand fleuve savent que les oscillations de l'histoire peuvent toujours les ramener à cet Occident romain et français auquel la politique peut aussi bien les rattacher que la géographie. Et c'est un rôle qui leur plaît, qu'ils sont toujours prêts à reprendre, dès qu'ils sentent que Charlemagne et Louis XIV ont un successeur, même modeste. Mais nous n'y avons pas songé. Les Prussiens sur la rive gauche, qui n'y sont que depuis 1815, l'Europe pleurera.

Lors donc que vous m'entendez parler de la paix, des plaisirs et du bonheur qu'elle a pu rendre, je ne le fais pas en politique mais en psychologue. C'est à dire, avec plus de modestie que je me plais à considérer le visage des passants.

Il faut bien que l'homme, s'il doit recommencer à souffrir, se retrempe au sein de l'illusion, comme dans ce bain offert par l'hospitalité antique au voyageur épuisé. Je me souviens, par exemple, du premier soir que j'ai revu les boulevards illuminés et peuplées les terrasses.

Quand vous vous mettez au lit, est-ce que vous ne demeurez pas quelque temps à contempler dans l'ombre vos soucis, vos espérances, la forme de quelque rêverie ? Moi, si. Et, par système, je n'ai pas de rideaux à ma fenêtre. Si bien que la persienne fermée, où brille la faible lumière du gaz urbain, projette sur le parquet une légère grille d'or.

Je m'y suis souvent amusé, depuis que j'existe. Mais en novembre 1918, il y avait longtemps que la nuit replongeait la ville dans les parfaites ténèbres d'une vie primitive. Or, un soir de décembre, je vis reparaître sur le miroir du parquet les douces raies brillantes, la mystérieuse grille rouverte sur un monde, toujours inconnu, moins désolé. Je me suis levé pour la mieux voir, pour en compter, pour en toucher les barreaux immatériels. Je l'ai saluée, je l'ai honorée comme un Romain son petit dieu domestique. C'était la Paix, la paix retrouvée, la paix alors toute belle.

Les hommes ne seraient plus couchés sur la terre par une mort brutale. Les Français ne seraient plus séparés. La « vie quotidienne » allait recommencer, qui certes n'a jamais été entièrement clémente au genre humain, qui serait sans doute un peu moins bonne fille encore.

Mais n'étions-nous pas tous devenus plus simples, moins difficiles ? Plaisir de penser que tout allait se remettre bien vite à marcher bien et que nous irions le soir chez nos amis revenus, qui nous attendaient sous la lampe, dans la belle odeur du thé et des gâteaux.

Nous ne pensions pas que le monde était devenu si pauvre qu'il avait encore des heures trop dures à vivre avant de retrouver l'abondance et la joie. Ou, pour mieux dire, nous pensions que la Victoire était fée, qu'elle allait toucher nos misères, les réduire à rien. Et il est probable que nous ne nous trompions pas et que seulement on lui a ôté sa baguette.

LES ALSACIENS A L'OPÉRA.

Avant la guerre, une fois par an, à minuit, les étudiants de Strasbourg formaient dans les rues de leur ville un cortège. Tête nue, dans un prodigieux silence, l'un derrière l'autre, six cents jeunes gens allaient saluer sur la place l'image de Kléber, devant la police allemande étonnée.

Je ne prononce pas ce dernier mot pour imiter le grand style du xviie siècle. La longue fidélité de l'Alsace surprenait l'Allemagne. Elle savait bien que le prétendu « germanisme » de l'Alsace n'engageait à rien et que l'histoire, plus que le fleuve, lui avait ôté l'Alsace française après la romaine. Mais, dans certains cas, ce que l'histoire a fait, une bonne politique le peut défaire.

Le cas de l'Alsace surprenait les Allemands comme irréductible, ils ne réussissaient pas à comprendre pourquoi. Si la fidélité alsacienne n'avait été qu'obstination, la persévérance d'une âme hérissée, les Allemands, au travers de leur colère, auraient gardé quelque espérance. Ils garantissaient un ordre matériel, ils bâtissaient, ils balayaient. Ils avaient assisté à un accroissement de richesses dont ils se déclaraient les auteurs. Et quant aux duretés imbéciles dont ils gênaient les Alsaciens, il ne tenait qu'à l'Alsace, songeaient-ils, qu'elle donnât son cœur une fois, les Allemands seraient trop heureux !

Pour qu'il s'enfermât, ce cœur, dans « son beau château », il fallait qu'il y trouvât un charme irrésistible. Mais lequel ? Quel était donc cet attrait, le mystère de l'Alsace ? sinon celui de l'esprit, le charme même de la civilisation.

Ces jeunes gens que vous avez vus à l'Opéra, vous avez remarqué qu'ils ne sont pas tous blonds et grands. Les bruns sont nombreux, avec une petite tête ronde, où la malice joue avec la loyauté, et ils ont je ne sais quoi de vif et de méridional que Paul Acker avait très bien observé et qu'il avait lui-même. Les uns et les autres portent bien l'habit, ou ce veston du soir qu'il me coûte de ne pouvoir nommer d'un nom français. La forme pareille de leur col cassé, le nœud correct de leurs cravates, les ressemblances du costume et de la mine révèlent une sorte d'esprit de corps, petits signes d'une âme collective. Sur la tête, le béret qu'ils ont toujours porté. Ce même béret dont l'armée française en guerre a fait une coiffure nationale. Son velours noir mettait en valeur des têtes d'une belle expression réfléchie et juvénile. Dans les regards, ce désintéressement, ou cette indépendance, cette froideur ou ce feu bien réglé, qui sont nécessaires à la vie de la pensée. Avec quelques bons vivants, une majorité *d'intellectuels*, de ce même type net, calme et décidé, fréquent en France aujourd'hui.

Notre Opéra est un bon vieux grand théâtre, dont la décoration est certainement désuète ; mais il a une harmonie pourpre et or délicieuse. L'acte du Jardin de Faust, un acte de Sacha

Guitry, un acte de Rip, des poèmes de Victor Hugo et de Claudel, des airs de Debussy. Et ils ont vu à la fin danser, voler Mlle Zambelli, ils ont vu le corps de ballet scander un curieux menuet en costume directoire, aussi martial et prompt que celui du *Bourgeois gentilhomme* est lent et voluptueux.

On a dit trop de mal de Gounod, qui a de la force dans sa grâce. Sacha Guitry est l'une des étincelles du Paris gentil, Debussy enchante, et vous savez si j'admire Claudel, dont l'œuvre cependant, au dire de l'un des maîtres de la critique contemporaine, est pareille à un palais dont l'escalier manquerait. Mais...

Mais j'aurais voulu faire entendre aussi, à la place de ceux que je viens d'omettre, et plus profonds ou plus français que ceux que j'ai nommés : Racine et Rameau, une fable de La Fontaine, un acte de Marivaux, une scène de Molière, un proverbe de Musset, Verlaine, Moréas, Guérin, Le Cardonnel, et ces accents de Péguy : « *Heureux ceux qui sont morts dans une juste guerre...* »

Je ne suis pas désespéré de voir la France moins riche que d'autres en rails de chemins de fer et en lignes de téléphone. Tout cet appareil de la civilisation, loin d'être méprisable, il faut que les Français y mettent leurs soins. Je veux que les fées des métaux brillent de mille feux et qu'elles multiplient sur nos pas leurs miracles. Mais enfin, la question n'est peut-être que d'un peu de temps, de volonté, de confiance.

Un certain divorce m'effraye davantage, que

je sens entre « la France officielle » et le véritable esprit de la France, fidèle et vivant. Lorsque les corps constitués, les autorités de la République ou une chambre de commerce veulent produire dans une fête quoi que ce soit qui ressemble à une pensée, vous pouvez attendre un programme mesquin, dicté par une mode surannée, ou qui à travers les nouveautés, marche à tâtons.

Peut-être que la Victoire...

LA DANSE.

Mon ami Alceste vante beaucoup ce petit livre de M. Pierre Mac Orlan, où sont consignés avec beaucoup de loyauté et de talent, les souvenirs d'un soldat dans l'Allemagne occupée.

— Lorsque les Allemands furent défaits, lorsque les fières troupes grises revinrent la tête basse, lorsque les mitrailleuses crépitèrent dans les rues, quand les matelots de Kiel arrivèrent en bande dans toutes les villes, portant un drapeau rouge et de mystérieux mots d'ordre, lorsque la patrie allemande fut bien humiliée et que la société allemande put craindre de tomber en poussière, Pierre Mac Orlan l'a vu : toutes les filles se mirent à danser...

A coup sûr, elles ne dansaient pas de joie. Ou du moins ce n'était pas un petit plaisir qu'elles pouvaient avoir le courage de goûter. Plutôt une volupté terrible et désespérée : brutale revanche de l'être physique opprimé par la guerre et pressé de jouir avant que tout finisse. Le corps s'élançait vers le plaisir, en se détachant de tout. Il ne paraît plus nécessaire de prévoir. *Gaudeamus igitur*, vous savez la chanson. Dansons, dansons, tandis que nous sommes jeunes...

Vous rappelez-vous Renan dans l'*Abbesse de Jouarre* ? Il imagine qu'à la fin du monde, l'amour éclatera de toutes parts : « Quand on se verrait en face d'une mort subite et certaine, la nature seule parlerait ; le plus puissant de ses instincts, sans cesse bridé et contrarié reprendrait ses droits. » Les filles de l'Allemagne ne se crurent pas à la veille du jugement dernier ; mais à la veille de jours incertains dont la menace les déliait. Elles dansèrent à perdre haleine. Elles dansèrent. Prélude, si vous voulez, où la juste prudence de l'homme social gardait un dernier et vacillant empire.

— En 1871, nos mères n'ont pas dansé.

— Quelle idée de comparer la France à l'Allemagne ! Sans compter que sa défaite n'avait pas cet air désespéré que prit un instant la défaite allemande, avant que la faiblesse des Alliés parût merveilleuse. Je gagerais que maintenant leurs filles dansent moins.

— Et nous, nous dansons toujours.

— Vous n'êtes pas malin. Pourquoi les vainqueurs se priveraient-ils de danser ? Pourquoi ce soldat ne danserait-il pas ?

— Parce que la Victoire a les larmes aux yeux.

— Écoutez donc. Dans la nuit du 13 au 14 juillet, aux Champs-Élysées, un peuple a veillé. Il était partagé en deux moitiés. L'une, sagement assise sur les côtés de la Voie triomphale ; elle était calme, recueillie, religieuse. L'autre parcourait victorieusement la chaussée entre l'Arc de l'Étoile et la place de la Concorde, au milieu des trophées et des symboles : elle courait, elle volait, elle chantait, elle dansait. Ainsi le peuple s'était naturellement divisé en deux chœurs, en deux voix.

Nous sommes plusieurs qui ne saurons plus jamais rire sans arrière-pensée. Une chère et triste image nous habite. Mais je vous demande de vous rappeler que vous avez eu vingt ans. Aux environs de 1900, au carrefour des deux siècles. Exposition universelle. *Sourire d'avril. Valse bleue.* Est-ce que vous n'avez pas la mémoire des sentiments ? Il semblait que le rythme, aujourd'hui vulgaire, de la valse lente, apportait la révélation d'une poésie inconnue, qu'il exprimât un secret inouï, impénétrable à nos aînés. Et ce n'était que l'inexprimable générosité de votre jeunesse.

Ensuite, vous avez vu naître avec curiosité d'autres danses. Vous les regardiez. Elles ne vous charmaient plus...

— Je ne veux pas que l'on trouble d'un bruit de fête indiscret la France en deuil.

— Qui vous parle de cela, que pourtant vous ne sauriez empêcher ? Je comprends que vous détestiez cette danse brutale, ce branle de l'oubli et de l'instinct mené par les filles d'un pays vaincu. Mais une danse polie et gentille, conduite par la jeunesse, dans le pays qui a toujours dansé, où la civilisation, l'esprit de société, la grâce des sentiments peuvent ôter à la danse toute laideur ? Si vous connaissiez Mlle X..., si vous pouviez la voir, blonde, avec son teint de lait *(un* printemps *jonché de taches de rousseur)*, cadencer l'un de ces pas qui ont un nom étrange et drôlet ! Elle avait douze ou treize ans en 1914. Il lui arrive aussi de s'accompagner elle-même en chantant, et vous n'avez pas de cœur si vous pouvez résister au charme de son accent à demi puéril et, pour imiter les Américains, légèrement nasillard. Pourquoi, demandez-vous, est-elle émue pour si peu : un air barbare ? C'est comme vous-même, ingrat, il y a quatre lustres. Elle découvre à son tour le monde...

Réfléchissez. C'est pour leurs cadets et leurs fils que les aînés et les pères se sont exposés. Il fallait que les enfants de France eussent *leur tour*, qu'ils ne fussent pas ces esclaves dont les chaînes étaient préparées, qu'ils fussent libres, qu'ils fussent heureux. Soyez contents qu'ils dansent.

A SAINT-CYR, LE TRIOMPHE NON PAREIL.

Toutes les écoles du monde ont leur argot. Celui qu'on parle aujourd'hui chez Madame de Maintenon ferait perdre la boule au plus docte et savant linguiste,

Les jeunes filles qui récitaient *Esther* doivent être effarouchées dans leur repos. Mais tous ces vocables barbares, sous les jeunes moustaches, ne doivent pas empêcher les gentilles mortes de sentir, à travers toutes les disparates, la profonde parenté des âmes. En 1914, lorsque l'École jura de marcher au feu en gants blancs et la plume au képi, de quel frémissement a dû être agité le petit peuple des ombres blanches ! Elles reconnurent le sang des cavaliers qu'elles avaient aimés...

Si je fais de la poésie à bon compte ? Par toute la France, en 1914, les générations des morts se mirent à parler aux vivants. Ceux de Saint-Cyr-l'École, il faut que, dans leurs dortoirs militaires, le dernier jour, les douces formes féminines aient charmé leurs songes. L'histoire de France, si riche en belles images, n'en a guère d'aussi émouvantes que cette succession dans un même lieu des soldats aux demoiselles.

Saint-Cyr compte aujourd'hui huit ou neuf cents *guerriers*. On a remis à l'école ces capitaines. Ces briscards ont passé au tableau noir. Et, pour ne pas laisser se perdre l'usage, ils ont voulu jouer comme des gosses. Écourtée par la guerre et demain par la vie, leur jeunesse s'est donné libre cours une dernière fois.

Le *triomphe* se disait ainsi en mémoire du canonnier qui, dans les concours de fin d'année, mettait dans le mille. Il fallait renverser au loin un tonneau. Ses pairs et ses rivaux se pressaient en foule autour de lui, avec des gestes, des cris,

des mouvements de joie, que l'on eut à la fin
l'idée de régler (en oubliant le mortier initial,
sic transit...). On y mêla des rites compliqués
pour marquer avec solennité la subordination
des nouveaux. Enfin, tous ces pages formant
naturellement chaque année une fraternelle al-
liance dont les membres détenaient à jamais le
commun trésor, celui des souvenirs de jeunesse,
l'on s'avisa de *baptiser* chaque promotion et
de lier par ce signe toute une génération d'officiers à un événement mémorable... Voilà tous les
éléments d'un *triomphe* à Saint-Cyr.

Celui qui, le 9 août 1919, après l'interruption
des cinq années, attira un public immense d'in-
vités et d'amis, comportait un défilé de costumes
militaires dans le *Marchfeld*. Encore un mot de
l'argot local. Il est d'étymologie allemande, parce
que l'Allemagne a été le champ de nos victoires.
Après le défilé, fête foraine dans le petit bois de
Mansart. — Le petit bois de Mansart ! — Dans
la Petite Carrière, exercices équestres et baptême
des promotions. Dans le gymnase converti en
théâtre, des chansons, des mots. Et pour finir,
bal !

Pas une tradition n'était omise. Il fallait que
le *triomphe* fût pareil à tous les *triomphes* connus.

Il n'a ressemblé à aucun.

Car le défilé des costumes historiques était formé
par les soldats des deux Marnes. Car, dans *la
Petite-Carrière*, l'officier de la Maison du roi qui
galopa si longtemps, qui franchit tant d'obstacles,
qui si bien défendit la rose enrubannée piquée

à son justaucorps, menait sa bête avec un seul bras. Le velours de l'autre manche battait l'air. Car les *hommes* des quatre promotions qui chantèrent le « pékin de bahut » et « la galette », étaient des vétérans revenus de la guerre, y ayant appris la vie[1].

L'inflexible tradition veut qu'ils s'agenouillent devant les anciens et qu'ils se relèvent au commandement du *Père Système*, qui dans sa personne sacrée incarne tout le mystère des us et coutumes. Les étranges *nouveaux* que voilà accepteront-ils de courber la tête, quelle que soit la raison ?

Entre soudain le *Père Système*, mince sur un cheval blanc. En Bonaparte. La sépia d'Isabey au Louvre : la revue du Décadi. Attention : ses décorations ne sont pas feintes, ni la rouge ni les autres. Il va demander au général commandant l'École de baptiser les promotions : la Grande Revanche — les Drapeaux et l'Amitié américaine — Sainte Odile et La Fayette. Il s'amuse à se lancer des périodes cicéroniennes, mais peu à peu sa voix devient grave. Il parle des camarades tombés pour la patrie, et tournant brusquement la tête :

— A genoux, les hommes !

Quand le cœur et l'esprit sont d'accord, rien n'est impossible.

Pour la petite poignée d'enfants en bas-âge

___

1. Le « pékin de bahut » est celui qui s'en va, heureux d'échapper aux tourments de « la pompe » (ou dressage). Quant aux *hommes*, le terme est péjoratif. Il désigne les nouveaux.

qui en ont encore pour un an, c'est une autre
affaire. Ces veinards, ou ces malheureux, qui
ne pourront être formés, faute d'anciens, s'age-
nouilleront avec tout le cérémonial qui fut toujours prescrit. Ils seront apostrophés à toute
allure. Ils ont d'ailleurs la chance d'appartenir à
la promotion de *la Victoire* (1919). Le Père Système
enfle la voix. Il a beau faire. Le rire y tremble.

Et il y avait au ciel, pour achever notre plaisir,
deux autres fêtes, celle des bourdonnants avions
croisant dans l'espace, et celle du soleil dans les
nuages, au premier jour d'un été qui retarde.
Quel azur sur les beaux lieux !

Je suis revenu par Versailles. Je vous dirai
une autre fois comment, à l'extrémité du parterre
d'Eau, le sol se confond avec le ciel pour que le
regard s'y perde.

LA FIN DU MONDE

Aujourd'hui 17 décembre 1919 Paris a cru
à la fin du monde. C'est-à-dire à la fin de la planète Terre, par la conjonction de certains astres.
Un écho dans un journal a suff.. La catastrophe
est prochaine. Ce matin, chez le coiffeur, la petite
dame blonde dont j'étais séparé par une mince
cloison de bois en parlait avec crainte, sous le
manteau de sa chevelure pareille aux vagues dé
la mer. Et tout à l'heure un camelot, son papier
du soir à la main, semait la terreur dans le bou-

levard Saint-Germain, en criant à tue-tête :
« Lisez la fin du monde ! »

— Si tout le monde en a parlé, me dit Alceste,
personne n'y a cru.

— Je n'en suis pas tellement sûr. Il y a dans
la Ville des tireuses de cartes et qui gagnent leur
vie. Sans compter que la terre n'est pas éternelle, que sa chaleur finira bien par s'éteindre,
que l'idée de sa mort ne nous est pas étrangère,
et que la circulation des sphères est bien com-
pliquée. Un accident qui s'y produirait à quelques
milliers de verstes nous mettrait mal en point,
nous et notre habitude. Nos Parisiens sont capables d'arrêter leur esprit à cette hypothèse.

— Et assez raisonnables pour n'en pas tenir
compte. Beau sujet de conversation ; mais sérieu-
sement, pratiquement...

— Quelle haute idée, Alceste, vous est soudain
venue de la nature humaine, que vous l'estimiez
capable de craindre un si grand malheur, de
l'imaginer, et de n'y penser qu'avec détachement.

— Et vous, laissez votre métaphysique. Vous
n'avez pas vu que le métropolitain ait cessé de
courir dessous terre, que dans les gares sonores
et sombres le sifflet des locomotives se soit tu,
que les hommes aient soudain déserté leurs
bureaux et les chantiers. La petite dame dont
vous parliez, qui se faisait friser, ne s'est pas
écriée : « Éloignez ce fer de ma tête ! J'ai mieux
à faire ! » Or, tous ces signes se seraient produits
à coup sûr, Renan vous le dirait : « *Ce qui doit
revêtir à l'heure de la mort un caractère de sincérité*

*absolue, c'est l'amour. Je m'imagine souvent que
si l'humanité acquérait la certitude que le monde
dût finir dans deux ou trois jours, l'amour éclaterait
de toutes parts avec une sorte de frénésie ; car ce
qui retient l'amour, ce sont les conditions absolument
nécessaires que la conservation morale de la société
humaine a imposées.* » Si Paris avait eu peur,
vous en auriez vu de belles ! Peut-être en eussiez-
vous fait. C'est clair.

— Renan n'est pas infaillible.

— Vous souvenez-vous qu'avant la guerre,
il y eut une grande éclipse du soleil ? Je suis allé
l'observer quai du Louvre, à travers ces verres
fumés dont nous nous divertîmes plus de deux
jours. Je me rappelle comment la terre changea
de couleur et les phases du ciel ont peint dans
ma mémoire un tableau ineffaçable : Apollon
aux yeux malades, avec un bandeau noir.

La date m'échappe et d'ailleurs n'importe
guère. Je veux vous entretenir de ce village de
Dalmatie, ou bien hongrois, dont les journaux
nous apprirent qu'il avait interprété le phénomène
comme annonçant la fin de tout. Alors, ces villageois, à l'exception du petit nombre que soutenait
l'exemple d'un curé énergique, savez-vous ce
qu'ils firent ? Les uns se mirent à piller, non le
meunier et sa farine, mais les gâteaux, les viandes,
les caves. Les plus nombreux, bien loin de montrer la prudence de votre coquette au miroir et
d'écouter la voix d'aucune raison, coururent du
même pas à leurs vraies amours. On vit bien
qu'elles ne coïncidaient pas toujours avec la loi ;

la nature défit en un clin d'œil ce que Renan nomme à bon droit la civilisation.

Une vue si hardie a donc été confirmée par l'expérience. Et vous voilà bouclé. Si la fin de notre monde doit jamais résulter d'une soudaine rencontre céleste, les savants qui l'auront prévue seront, je l'espère, assez pénétrés de charité, ou de la sagesse d'Auguste Comte, pour taire une vérité si dangereuse, et laisser le genre humain au saisissement de la mort en lui épargnant les affres, plus terribles, de l'anarchie.

LE MASQUE

Carnaval a essayé de faire sonner ses grelots.

Je ne suis pas si vieil qu'il me faille radoter, évoquer mes souvenirs, prôner les anciens jours, comme disait Ragon traduisant Horace. Le temps que j'ai vu passer, les dieux me gardent à jamais de le louer avec cette complaisance qui trahit l'engourdissement des nerfs et la torpeur des artères. Mais c'est le métier du chroniqueur que d'aller sans cesse le comparant aux heures nouvelles. Et là-dessus de broder, sans offenser la vérité.

Je me souviens du Mardi-Gras, de la Mi-Carême de mon adolescence, et de la joie que c'était.

Les boulevards disparaissaient sous le flot. Une voiture, les gens eussent arraché le cocher de son siège, pour le pendre. Par terre, un tapis

remuait, profond, mouvant, qui ne cessait pas
d'épaissir. De la Madeleine à la Bastille une
étrange végétation multicolore était accrochée
aux branchages encore dépouillés des arbres : le
noir de l'écorce paraissait au travers, peinture
extravagante, l'image même de la folie où les
hommes s'étaient jetés, pour échapper, ne fût-ce
qu'un peu, à la triste succession des soleils cou-
tumiers. Toutes ces sphères à claire-voie, enveloppées de rubans comme une toupie par le vol
du fouet, étaient encore reliées entre elles par
les serpentins de papier qui couraient de l'une à
l'autre et suspendaient entre ciel et terre une
voûte arachnéenne.

La rumeur de Paris exilée, remplacée par le
seul prodigieux brouhaha de la voix humaine.
Et il n'était pas un promeneur qui, dans ses bras,
ne tînt quelque gros sac bourré des volantes ron-
delles, douces à manier comme le sable. Soudain la main se levait, comme celle du laboureur
dans la fable de La Fontaine. Une belle personne
avait paru dont il fallait décorer le front d'une
pluie vertigineuse, qui ajoutât à son rayonnement.
Ainsi Jupiter gagna-t-il le cœur de Danaé.
Croirez-vous que je me rappelle encore certains
de ces visages, leur regard brillant, le rire qui
gonflait le beau cou sinueux ?

Après tout, peu d'années ont passé, il n'en
faut pas beaucoup pour changer les goûts et les
plaisirs de l'homme.

La guerre n'était pas encore venue que ce
Carnaval magnifique, tendre et riant, éperdu,

était déjà fané. Plus de serpentins, dont souffraient nos amis les arbres ; et les confettis, trop de sales mains s'y étaient mises. Carnaval dépérissait.

Nous venons de le voir qui se secouait, nous l'avons vu qui jetait un cri d'appel. Des enfants ont grandi qui n'ont pas dans leur cœur certains souvenirs habitant les nôtres et qui devraient lui répondre avec une gaieté dont les aînés bien avisés ne se fâcheraient pas. Comment ne l'ont-ils pas fait ? Comment sont-ils sortis, comment ont-ils vu passer les grands chars bariolés sans prendre eux-mêmes grande part à la fête ? Sans rire et sans crier ? Assez contents du plaisir de leurs yeux pour n'en pas demander un autre ? Bref, en curieux, tout comme nous, hélas !

Et qu'il y avait donc peu de masques. Soit que l'idée de cheminer dans la rue sous un habit déguisé semble baroque aux plus naïfs de nos contemporains ; soit que l'argent ait trop manqué, la nécessité n'en ayant pas laissé pour la danse.

J'en ai vu toutefois passer un que les gens contemplaient bouche bée, qui trouvait moyen d'être partout, qui avait une face hilare et prospère, mais en carton mal attaché ; et tout le monde voyait que, dessous, sa vraie figure était blême, anémique et grinçante. C'était la Paix, disait-on. Menteuse qui, pour avoir mal fait ses comptes naguère, est aujourd'hui sur la paille, et veut donner le change.

AU BOIS DE BOULOGNE

Pendant la guerre votre ami a été la caricature
d'un soldat. Il traversait le bois de Boulogne à
bicyclette tous les jours deux fois, pour son service. Jamais mondain n'a tant vu les Acacias
que ce canonnier auxiliaire tour à tour suant et
transi, comme les saisons tournaient.

Seulement les Acacias étaient déserts et le tir
aux Pigeons, et cette allée Marguerite, où notre
soldat pour rire, évoquant les images de son
enfance, se revoyait faisant la grimace sur le
verre de bière du goûter.

Un vieux cocher pompeux, au visage sec dans
la porcelaine de son col, conduisait alors le « trois-
quarts » familial. Fraulein voulait exactement
que la détestable canette fût toute bue. Elle
était de Nancy, bonne Française, aussi fâchée
que ses disciples d'avoir à parler allemand. C'était
la mode. Les quatre enfants s'ennuyaient à périr,
et ce lambeau de leurs tristes heures dominicales,
empoisonnant la mémoire, leur a longtemps gâté
le Bois.

La guerre finie, Alceste n'y peut retourner sans
doubler ses souvenirs de petit garçon, devenus
charmants un beau jour, d'une foule d'impres-
sions qu'il a honte de dater des cinq années terribles.

De quelle neige toute pure le sol était parfois

couvert, où les deux roues étincelantes volaient comme sur un tapis ! Certains matins de givre suspendaient au dessin japonais des branches une végétation cristalline tellement irréelle et diaphane que chacune des allées ressemblait à la grande nef d'un temple hyperbolique, dans un pays rêvé. Les cygnes avaient beaucoup perdu de leur dignité, ils ne dédaignaient plus de disputer aux canards le rare croûton du passant. Il faut avoir vu ces bêtes prisonnières de la glace, comme une flottille dans le Zuydersee, pour savoir combien la nature, même clémente, et la vie animale, peuvent troubler le cœur d'un homme.

Alceste se prenait à nourrir là, dans ce parc de la ville, des pensées analogues à celles d'un paysan sur sa terre. Toute la grâce menacée de Paris, toute la beauté souffrante du pays lui parlait une douce langue.

Au retour, il croisait souvent, à la hauteur des Acacias, la même voiture mystérieuse, invisible derrière ses phares. Animée d'une légère oscillation qui révélait l'origine humaine du miracle, la lumière éclairait à l'infini la route rectiligne, noire et lisse, pareille en son bitume au fleuve des morts. Soudain, elle décrivait un angle brusque, illuminant, comme un soleil des planètes, la moitié des arbres et des feuillages, tandis que l'ombre des fûts se développait fantastiquement et que par terre se dessinait la carte ravinée de la lune.

— Revènez au Bois, Alceste. Vous n'y enten-drez plus ce canon lointain que vous écoutiez

en 1918, par un jour d'été si pur que son allègre
beauté semblait une offense à la patrie. L'unique
automobile qui dans la sombre nuit précipitait
l'image d'une guerre mécanique a été multipliée
par la paix de telle manière que sous les grandes
voûtes végétales leurs faisceaux entrecroisés
peignent le soir d'étranges fêtes. Quel artiste,
pour en retracer la vivante géométrie ! Les gais
promeneurs descendent en faisant claquer la
portière, et ils courent à leur plaisir. Dans ce
même jardin où les blessés convalescents écou-
taient sagement leur phonographe, une soif élégante est désaltérée par des boissons glacées. Sur
cette même rive où les mutilés venaient considérer la face des eaux, jeunes gens et jeunes filles
poussent en riant des canots vernis...

Il n'y a plus de solitude, que si des amoureux
la trouvent. La touchante faiblesse des cœurs
humains émus par Vénus, que de prendre à témoin
d'un grand sentiment ou d'un petit désir la verdure des arbres, le silence des forêts, celui du
ciel, même sans étoiles. Ainsi est la vie, Alceste,
vous le savez bien. Et vous ne gronderez pas,
par mélancolie. Vous ne rêverez pas d'interrompre
les sillons ouverts depuis le commencement du
monde.

LA RENTRÉE

J'habite une petite rue qui porte le nom d'un
grand peintre.

Le quartier, ailleurs opulent, a gardé par ici des airs de village ou de petite ville. Il faut y voir la sortie de la grand'messe, dans la grande rue, avec la visite obligatoire à l'un des deux pâtissiers. Les maisons n'ont souvent que deux ou trois étages et il y en a plusieurs qui sont étayées par d'énormes poutres, tant elles sont vieilles. C'est sur la place de l'Église, que décore une stèle de pierre élevée par la piété, *Christo servatori*.

Molière y avait sa maison des champs, comme le rappelle une belle plaque, de marbre sur la face d'un bel immeuble. Et, non loin, le chemin de fer souterrain ouvre sa grotte : voilà les contrastes de Paris. Molière venait ici prendre les eaux d'Auteuil, il y recevait ses amis, Boileau, La Fontaine, qui ont chacun sa rue. Mozart, son avenue. C'est un pays classique, où les romantiques n'ont pas été dédaignés, ni les peintres, ni les poètes. C'est un pays littéraire. Nous sommes tout chagrins d'être obligés d'aller au diable pour y trouver une rue Racine. Nous en rapportons des gâteaux grecs, qui sont turcs.

De ma fenêtre, j'ai vu cinquante saisons tourner contre le grand mur de brique rose, au-dessus des deux beaux arbres. Je sais là-derrière un rond-point, l'un des lieux les plus mélancoliques du monde, avec sa triste fontaine de fonte. Je n'y vais jamais, craignant cet « accidioso fumo », cette mortelle fumée de l'ennui, dont parle Dante.

Le silence et la quasi-solitude de ma rue ne

sont pas terribles. Elle est égayée par des mouvements de quartier, et les jours de marché, on y laisse des voitures dont on couvre maternellement les chevaux. L'une d'elles est attelée d'un âne, qui nous est devenu cher. Nous reconnaissons sa voix. « — Ma fille, ton ami t'appelle. — Papa, je crois que c'est toi. » Ainsi, nous ne nous moquons pas du tout de la pauvre bête, nous prenons plaisir à nous sentir liés de sympathie avec les choses universelles, les atomes d'une vie inférieure.

Mais je fais comme l'Intimé. Je voulais dire que j'étais un matin au balcon, encore tout plein de sommeil, et l'œil vague, quand je me suis trouvé tout à coup frappé, électrisé par la commotion du souvenir.

Il était huit heures aux pendules, sept heures au ciel, le soleil encore pâle, et c'était le lundi 4 octobre 1920, le premier lundi d'octobre, ô merveille ! A chaque instant, par deux, par trois, enveloppées dans leurs manteaux neufs, leur visage frais lavé et le bras arrondi portant la lourde charge, passaient presque en courant les petites filles qu'on avait cessé de voir.

Elles « rentraient ». Et gagnant d'un pas alerte leur école, elles avaient un air de gaîté. Quelle affaire ! Nous faisions ce jour-là une mine renfrognée et, si je suis bien informé, les petits garçons, nos successeurs, n'ont pas changé de cœur ni de coutume. Elles, mon dieu, elles sont contentes, regardez-les. Elles ont beaucoup à se dire, la curiosité et le goût de se revoir les tiennent, les animent, les agitent, l'on croirait qu'elles dansent.

Quel psychologue expliquera cette différence avec toutes les autres ? Je songe, à voir les grandes qui courent aussi à leurs leçons et, de toutes manières et sans y penser, vers leur destin à chaque pas rapproché, je songe que ce sont elles dont quelque pauvre diable d'écolier va recevoir bientôt la peine ou la joie de sa vie.

Ce sont elles, jouant hier à la poupée, qui seront amantes, qui seront mères, qui vont découvrir un nouveau printemps. L'avenir du monde en elles : dans ce petit cœur essoufflé de ma fille qui bat sous la ratine bleue, douce et faible pulsation au milieu de toutes les ondes qui couvrent la terre.

SAINTE CATHERINE

> *Sainte Catherine étant la patronne des demoiselles, on dit que la demoiselle qui ne se marie pas lui met la première épingle à vingt-cinq ans, la seconde à trente ; et à trente-cinq la coiffure est finie.*
>
> Littré.

— Qu'est-ce que c'est que cet air penché, mademoiselle, cet air penché que vous vous donnez ? L'étroite rue luxueuse est toute en fête, les automobiles grondent. Un temps pareil à quelque molle étoffe vaporeuse, et le soleil d'automne pour y jouer. Il est admirable, dorant les grandes colonnes charnues de la Madeleine. Le rire éclate de toutes parts. Qu'est-ce que vous avez donc, boudeuse ?

— J'ai vingt-cinq ans, si vous ne le savez pas. Regardez ce bonnet sur ma tête.

— Gracieux. Léger comme un souffle, découvrant les beaux cheveux blonds. Toutes les fois qu'une Française, et gentille, si vous permettez, toutes les fois qu'une Française tirera du xviiie siècle quelque chose pour sa parure, elle fera bien, car c'est un siècle joli. Vous voilà contemporaine de Marie-Antoinette.

— Vieille comme Mathusalem. J'ai vingt-cinq ans, vous dis-je. Le commencement d'une vieille fille. Ma jeunesse s'en va.

— Elle commence à peine. Vos compagnes ne sont pas comme vous : je les vois déguisées de mille manières joyeuses, Colombines, Odalisques, Folies, Négresses, et qui dansent, et qui crient. De temps en temps, au milieu de leur foule énervée, part la détonation du champagne, et la fureur d'une étrange musique donne à leurs jambes agiles encore plus d'envie de jaser qu'à leur bouche pourpre.

— C'est vrai. Jamais je n'ai vu Sainte-Catherine pareille. Les rues sont pleines de folles. Je crois qu'elles veulent s'étourdir.

— Quelle pitié de vous entendre ! Vous n'avez jamais vu Sainte-Catherine pareille ! Comme si vous en aviez tant vu ! En 1914, vous aviez dix-neuf ans.

— Oui, j'étais jeune.

— Vous étiez un enfant en bas âge.

— Écoutez donc. C'est à quoi je pensais : j'avais l'âge de ceux qui partaient. Celui qui m'aurait épousée, où est-il ? Je parle par supposition, car je n'étais pas fiancée. Tant d'autres l'étaient qui ont pleuré, ou qui ont oublié. C'est l'un des dix-sept cent mille qui ne sont pas revenus qui aurait été mon mari. Voilà. Je ne suis pas belle, je n'ai pas le sou, à peine un métier. Si je ne veux pas sécher sur pied, il faudra que je ne fasse pas tant la maligne... Gai ! Gai ! Une fille à consoler.

— Voilà des pensées, avec ces larmes qui brillent dans vos yeux, dont il faut vous défendre. Allez, déridez-vous, cédez au plaisir de l'heure (conseil d'un poète latin). Vous avez déjà la chance de vivre au lieu du monde le plus rare, entre la rue de la Paix et la rue Royale, y songez-vous ? au milieu des trésors de Paris. Et je vous sais le cœur trop noble pour l'avoir gâté d'envie. D'autre part, considérez que, non, vous n'êtes pas si vieille. Dans le décolleté de votre belle robe, les « salières » de la jeunesse ne sont pas comblées, vos bras ne sont pas encore parfaits. Nous ne sommes pas Maugrabins, enfin ! Vous entrez dans le bel âge, lorsque la première gravité du regard couronne une beauté chaque jour plus accomplie. Au lieu de vous dire que votre jeunesse a passé, pensez que vous sortez d'adolescence. Otez cette moue. Cessez de porter sur l'avenir un jugement téméraire. Il ne veut pas être si froidement scruté. La Fortune nargue

l'arithmétique. Trop de prudence est folie. Vous
ne savez pas si vous ne serez pas celle à qui la
chance rira. Sautez, dansez, saluez l'espérance...

SUR UN COUP DE REVOLVER

Alceste remit son verre sur la table et mur-
mura :

— Rue de Rivoli, sous les arcades...

— Nous y sommes, cher ami, à l'angle de la
rue de Castiglione. Où l'on boit de bon porto.

— A deux pas de la Librairie anglaise et de
l'Hôtel Continental. C'est pourtant là que l'autre
jour un homme en a tué un autre. Et tous deux
étaient venus d'Albanie, qui pour mourir, qui
pour tuer. Vous avez vu les portraits du meur-
trier. Avant le crime, jeune homme à l'air timide
et rêveur, avec une bouche aux lèvres minces.
Après : qui ferme pudiquement les yeux, comme
s'il était ébloui de ce qu'il a fait, ou comme si
tant de coups qu'il a reçus d'une foule enragée,
gonflant sa figure, avaient fermé, immobilisé ses
paupières. Vous avez vu l'image de la victime,
en habit, avec un gilet blanc, des plaques, un
grand cordon, et sous les yeux malins, sous le nez
ambitieux, une grande moustache turque.

Il y avait un an que le général Essad pacha
faisait l'Européen dans un hôtel de Paris. Il
allait et venait au milieu de nous, vêtu d'un complet pareil au vôtre, coiffé d'un chapeau de

marque. Mais vous imaginez sans peine que l'existence d'un seigneur albanais peut avoir quelque chose de particulier.

On ne peut pas se lasser d'admirer chez un homme, notre contemporain, cet alliage, cet incroyable mélange de Levant et de Parlement, de féodalité et de fusil à tir rapide, de brigandage et de gendarmerie, d'aventure et de royauté. Il était, par droit de naissance, suzerain à Tirana, d'une des nobles familles d'Albanie, alliée au sang de Scanderberg. Ses voisins, ses parents mouraient à propos pour lui laisser des héritages et le champ libre : c'est-à-dire la route où passent les bourses. Un frère qu'il a auprès du sultan le fait nommer commandant (*binbachi*, je crois) de la maréchaussée ottomane. Le fier et puissant baron accepte l'humble grade. Mais on lui tue son frère et, fidèle à l'honneur, il vole à Constantinople pour abattre l'assassin. La révolution : le voilà Jeune-Turc et député. Puis rebelle, puis réconcilié, et député encore. La guerre : le voilà chef à Scutari d'une division de rédifs, sous les ordres d'un pacha, lequel mourra d'un poignard inconnu en quittant la table de son subordonné. La Turquie vacille. Essad fait « porter par ses soldats les couleurs de sa maison » et il arbore sur sa demeure le drapeau de l'ancêtre Georges Castriota, *Sandjack bey*, dont les Allemands ont fait Scanderberg ou Scanderbeg. Il donne à son ambition un titre historique... L'Albanie indépendante : son premier gouvernement siège à Vallona, c'est-à-dire que les notables du pays y pérorent dans une cour, assis par terre *alla turca*. Par la porte ouverte, le peuple les regardait. Mais Essad se proclame roi, et l'Europe mécontente ayant élu le prince de Wied, il feint de se soumettre, reprend le fil de son intrigue, est obligé de s'exiler en Italie, s'y démène, parle en secret aux gouvernements des nations, ne connaît point de cesse, veille et attend. Il attendait la guerre des Deux Mondes.

Ne vous récriez pas : je suis savant avec le livre, c'est-à-dire avec un article de M. de La Mazière[1] et un autre de M. André Bécheyras dans la *Revue Critique des Idées et des Livres*, en 1913. Ce dernier comparait Essad pacha au milieu de ses irréductibles vassaux au Colleone. Je veux seulement vous faire voir comme l'univers est plein d'un merveilleux hasard. Y reste-t-il encore un innocent pour se figurer que la vie au xxᵉ siècle soit dépourvue de romanesque ? Comme les mémoires du temps présent, s'il y en a, exciteront nos neveux ! Mais pour fermer la bouche aux dangereux fous qui, par amour de la prose, se représentaient la planète sous la forme d'un parc entièrement tenu à l'œil par une administration prévoyante, n'est-il pas vexant de songer qu'il a fallu le feu du ciel, mis aux quatre coins ?

L'auteur que je cite prévoyait que le prodigieux condottiere pouvait être arrêté « par un grand coup de fusil ». Il avait traversé la guerre étran-

----

1 Dans l'*Opinion* du 19 juin 1920.

gère, la guerre civile et la guerre universelle, sans le recevoir. Il est venu tomber ici, comme il allait monter dans son automobile. Au coin de la rue de Castiglione. Voilà le destin. Vous voulez que je n'en rie pas ?

L'AGE DU MÉTRO

Mon avenue, qui porte le beau nom de Mozart, on l'a toute creusée pour y faire courir sourdement le chemin de fer métropolitain. Les grands tramouais qui la parcourent sont obligés d'y ralentir tous les cent mètres, grandes machines de verre et de tôle qui tremblent sur une croûte de ciment.

J'ai dit *tramouais*. Selon l'actuelle prononciation du peuple, le grand maître de Malherbe, vous pouvez préférer *tramevet* ; c'est la version de P.-J. Toulet et de M. Marcel Boulenger. Bref, évitez *tramway* : nous ne sommes pas encore Anglais.

J'ai connu une grande dame, avec cet accent rustique que Marcel Proust a observé chez ses pareilles, qui disait *tranvoie*, réunissant avec une louable naïveté les deux idées de *train* et de *voie*, pour donner au vocable une allure française. C'est elle qui a raison, mais personne ne voudra l'admettre. Le mot choucroute a été formé avec une pareille bonhomie de *chou* et de *croûte* [1], au

1. Voir en appendice, une *Requête à l'Académie*.

lieu de *sauerkraut*, altéré par un accent rhénan...
Je vous parlais du Métropolitain.

Ses prodigieuses galeries, si elles ont cessé de
vous surprendre parce que vous en aviez l'habitude, partez, quittez la place, vous n'êtes pas
digne de m'entendre : j'y vois le commencement
d'un âge où nous allons entrer.

Vous rappelez-vous ces vers de Toulet, dans les
Contrerimes, où il fait allusion au bar souterrain
des Champs-Élysées, aujourd'hui fermé, que lui-
même avait appelé le Bain-de-Cuir ? C'étaient
des salles immenses meublées d'un noir acajou,
elles prenaient jour au ras du sol. On y était
à l'aise au fond des vastes fauteuils moelleux
pour y tuer le temps, ou l'abuser d'un songe.

L'on y voyait M. Bourget s'y plaire à l'occasion,
non pas dans les heures nocturnes, qu'il n'a pas
la folie de dérober au sommeil, mais pour y boire
quelque honnête porto apéritif, et je me souviens
du jour qu'il admira, le monocle dans l'œil, tant
de viandes bien dressées contre le nickel et le
verre. Toulet a passé là bien des nuits, dont il
ne voulait pas compter les minutes, avant d'aller
regarder l'aube blanchir entre l'Arc et l'Obé-
lisque. J'imagine que, tourmentant ses pensées,
les jambes nouées à sa guise, il admirait entre ces
murs enfouis leur incroyable artifice, et que le
barman fût un troglodyte.

Il existe aujourd'hui dans Paris un autre lieu
souterrain qui ne le cède pas au Bain-de-Cuir.
C'est un théâtre, ô merveille ! Ces mêmes escaliers
que vous avez l'habitude de gravir, il les faut

descendre, et l'on a prodigué dans ces profondeurs les tapis et les tentures, les bois précieux ou peints, le verre bien travaillé qui joue l'albâtre, la lumière, tout ce luxe contemporain dont vous pouvez à la réflexion sentir la fragilité, mais qui pourtant saisit l'esprit et l'entraîne dans le vertige du plaisir...

Auprès de vous, rit une belle qui a dans ses cheveux un peigne de plume, et sur ses hanches les paniers de Mlle Valentine Tessier dans la *Périchole*. Le nouveau riche que voilà, qui tient fermée sa grosse patte, la contemple avec avidité, et il faut l'avouer, les violons de l'entr'acte ont facilement agacé votre cafard. Alors, c'est un agrément de surcroît que de songer tout à coup que, polie de main d'homme, cette lisse paroi de la cuve où vous plongez, pose contre les rustiques veines de Déméter... Ou contre les réseaux, farceur ! d'une savante canalisation : l'eau et le gaz partout.

O caves innocentes de nos pères, le jour est proche que chaque ville sera comme, posé sur une éponge, un château de cartes. Et le jour que pour fuir l'incroyable ouragan du fer et du feu, nous nous cacherons sous terre, avec nos machines et nos claviers.

LE DÉJEUNER PARISIEN

Vengo adesso di Cosmopoli.
STENDHAL.

A droite de mon guéridon, un Dalmate. Trois personnages avec lui, dont la nationalité demeure impénétrable : trois complets de fil-à-fil. Le Dalmate est habillé de tussor, qui sied à sa chevelure en filasse de chanvre ; gilet blanc décoré de petites fleurs bleues, une chemise tilleul, et dans le crochet noir de sa cravate un petit diamant. Peu d'accent, ma foi, une ombre. Il parle avec tendresse des bouches de Cattaro.

La sienne dévore. Il a pris du melon poivré, salé, — à la française, ventre de biche ! Il a pris du *puchero*. C'est le pot-au-feu d'Espagne, bœuf, boudin, lard de poitrine, saucisse au poivre de Cayenne, pois chiches et, faute d'une herbe exotique, des choux. Enfin, le maître d'hôtel, ou plutôt le camérier, lui porte des tripes aux tomates. La sauce y a deux corps, ainsi qu'il est dû : une huile couleur d'orange et, pourpres, les grumeaux de la pomme d'amour, — *per Bacco !* Il dit, en entonnant : « C'est un de mes plats favoris ».

Et, sur ma gauche, une dame, la jolie dame ! Blonde, rousse ou brune, les dieux savent comme elle naquit. Elle est blonde, ce jour d'hui, avec un reflet roux. Les yeux violets, sous le charbon des cils, la joue marquée, et, dans le regard, pourtant, cette alacrité, ou, si c'est trop dire, cette force qui assure à la vieillesse, quand elle n'a pas cédé, l'empire du monde. Sa droite est ornée d'un seul joyau, le brillant solitaire que les filles d'Eve portent pour rivaliser avec les fées, ayant à leur doigt un prisme en miettes, vrai miroir d'Apollon. L'autre main porte un saphir cerclé de diamants, sage et pudique, ancien, transmis par testament. Un grand collier de perles tourne sur le cou fleuri, parallèle aux plis de Vénus que la déesse elle-même a trop gravés, à la longue.

J'admire sur son visage les grâces, comme dit le poète, les grâces qu'a pétries la vie : cet air de fatigue vaincue, de désillusion toujours sur-montée. Mais je suis encore choqué, comme ma grand'mère, de tant de bijoux étalés en plein midi.

Elle a demandé des poivrons en hors-d'œuvre et des anchois de la Méditerranée, un *fritto-misto* avec un filet de citron. Sur la nappe, une carafe en façon de cornue, le vin pâle y rougeoie. Elle a gourmande sa belle bouche. Les spaghetti sont désuets, ou bien il fait trop chaud. Pour finir, un zambaillon. Je le dis à la milanaise. Vous pourrez l'écrire *zabaglione*, si vous préférez l'accent toscan. « Madame, avais-je envie de dire, n'oubliez pas de penser à Stendhal ».

Une voix à droite : « L'Amérique un jour fera la guerre à l'Angleterre. Vous verrez si je dis vrai ». Ils parlent anglais, à présent. Et le Dalmate (qui ressemble aux soldats de bois de Balief), comme Brantôme au gascon, il a recours, quand le français lui manque, à toutes les langues d'Europe : l'italien, si tu veux, l'allemand un jour ou l'autre. Il est curieux qu'il choisisse l'anglais pour expliquer à ses voisins ce que c'est qu'une goulache. La goulache est un plat hongrois.

> Ce n'est rien qu'un navarin
> Et la bière au lieu de vin.

La dame, à ma gauche, j'étais bien curieux de sa voix, je lui aurais parlé pour l'entendre. Mais la pendule sonnant une heure, une autre survint. En soie de la tête aux pieds, une plume excessive lui frise au chapeau. La nature qui l'a privée de nez a doublé son menton. Elle vient de loin, dit-elle, et n'a plus de voiture. Elle a téléphoné en vain pour avoir le prince. Elle mange un entrecôte sur le gril — sur le gril — avec des pommes de terre bouillies. Elle boit de l'eau minérale et n'a pas osé quérir de la citronnade, craignant de ressembler à une Anglaise. Elle a congédié Pierre pour ce qu'il tardait à régler les fournisseurs... Miséricorde ! Elle va tout dire. Mais elle voit que l'autre est en croix et lui décoche un vrai regard de vieille amie, tout chargé de haine.

L'on promène en un grand plat le puchero dont le Dalmate (s'il est dalmate) se régala. Il y manque la saucisse espagnole et le boudin ; par contre, j'y découvre une grasse charcuterie italienne. C'est ainsi le puchero argentin.

> Servi par un garçon lombard
> A quatre pas du boulevard.

Le Dalmate explique à présent l'eau-de-vie de Dantzig, qui tient en suspens l'or en paillettes. La Danaë des eaux-de-vie...

Ils ont allumé leur cigare. Pensent-ils à Christophe Colomb, aux trois caravelles, aux Indiens qui pipaient de leurs bouches de bronze l'herbe sacrée ? Nous avons traversé le monde, toutes les mers sont mesurées, des yeux de toutes les couleurs regardent le ciel français. O merveille, ce Dalmate sait que l'on n'a pas le droit de bâtir de petites pyramides d'aliments sur sa fourchette, à l'aide de son couteau ! Il sait même que l'on ne se parle pas de table à table et se contente de lorgner la dame aux perles qui ne bouge mie, avec un grand dédain. La double fumée l'enveloppe de son café et de sa cigarette : Orient, Manchester et Nossi-Bey.

LE SIGNE DU TABAC

... et qui vit sans tabac, n'est pas digne de vivre.

MOLIÈRE.

I

1919

Mon ami Alceste rêvait devant une valise de grand voyageur. Barnaboothéenne. Il me tendit une boîte magnifique, où brillait le saint nom de Gianaclis. Et comme je reculais, avec un léger mouvement d'effroi.

— Prenez tout de même, allez, ce sont les dernières.

— Comment ? Vous ne fumeriez plus ?

— Tarare ! Mais je quitterai la France...

Dans ses accès de misanthropie, mon ami, avec un accent du XVIIe siècle, dit *monsieur* à ses meilleurs camarades.

— Songez, monsieur, que cette petite boîte verte où logent cinq légères anglaises (providence des collégiens) coûtera désormais quatre-vingt-dix centimes. Elle valait quatre sous. La boîte de brésiliennes a passé d'un franc cinquante à trois francs. Trois francs vingt cigarettes. Quinze centimes la cigarette. Une cigarette, ci : trois sols.

— Eh bien ! mais, quatre ans de guerre...

— C'est d'abord une pure infamie. Si Louis XIV l'avait commise, M. Lavisse en aurait fait un chapitre et M. Aulard un livre. Car, dites-moi, quel bon sens que les fumeurs portent tout le poids de la guerre ?

— Vous êtes sûr de ne pas exagérer ?

— Puisque vous connaissez des diplomates, qu'ils posent donc une question à M. Wilson (mon ami prononce *Vilson*, parce que, déclare-t-il, l'on ne dit pas *Frankline*). Qu'ils lui demandent donc : « M. le Président, combien les Boches payent-ils leurs cigares ? » Ce n'est pas la peine que nous soyons vainqueurs et que le tabac soit si amer à notre bouche.

J'admirais, au fond du paradoxe, l'âme scintillante de la vérité. Alors, mon ami :

— Secondement, c'est une sottise. Et l'on dirait vraiment que ces économistes, s'ils savent compter des sommes sur une feuille de papier, ignorent tout du cœur humain. Vous pouvez déclarer que les cigares de deux francs en coûteront huit ; si je n'en ai que deux, je n'irai pas voler. J'achèterai ce cigare de trois sous que vous me vendez deux francs et je vous garderai un chien de ma chienne. Que si vous vous croyez sûr de me voir payer dix francs vingt cigarettes d'Orient par la raison que vous ne mettrez pas

de caporal à ma disposition, laissez-moi rire.
Vous n'allez pas manquer indéfiniment de tabac
noir. Ou bien, c'est le Grand Soir que vous pré-
parez. Car il est déjà cher et si, par surcroît,
il demeure introuvable, que les consuls prennent
garde ! Vous finirez donc, si vous n'êtes pas fou,
par livrer des paquets gris, bleus et roses. C'est
ce que j'achèterai. Je ne fumerai pas autre chose.
Sans compter que l'on s'y est habitué pendant
la guerre, jusque-là qu'on a vu plus d'une jolie
femme y noircir ses jolies dents. Finalement,
vous y aurez perdu, vous calculateur, vous État.
Il vous restait à éprouver qu'en matière de
finances un peu de psychologie vaut beaucoup
d'arithmétique [1].

Ne vous étonnez pas, monsieur, d'entendre un
fumeur s'élever contre cette affreuse tyrannie.
M. Pierre Louys a écrit qu'il voyait dans le tabac
la seule volupté que les Grecs n'eussent pas
connue. Et vous n'avez pas oublié quelle sorte
de respectueuse ironie M. Maurice Barrès mettait
à parler, comme de Monsieur Renan, de ces
mêmes cigares, « curieux », disait-il, ou « sableux »,
dont M. Jacques Boulenger nous a montré
depuis que les grands dandies du xıxᵉ siècle
avaient déjà le goût. Permettez-moi de ranger
parmi les beaux souvenirs de ma vie certains
havanes à la robe lisse, fumés en Andalousie
entre un verre de Xérès et un autre d'eau, au gré

---

1. Quatre ans plus tard, en mars 1923, les journaux diront que
l'État français songe à confier la gestion des tabacs à un commerçant, à un industriel, heureux fabricant d'automobiles.

du rocking-chair. C'est là que je vais retourner. Celui qui fume ne fait point de mal ni de péché. Pourvu qu'il se garde de tomber dans un excès qui le rende esclave, l' « herbe sainte » la bien nommée est sa consolatrice. Elle est complice des Muses. Et nous savons comme elle a secouru le genre humain dans les misères de la guerre.

L'on apporta un journal que mon ami déplia. Il lut :

« *Proclamation d'une république rhénane indépendante de la Prusse.* »

— Tiens, dit-il, je reste.

II

1920

On dit que les Américains ont proposé à l'État français de prendre à leur compte la ferme des tabacs, moyennant le versement de soixante milliards... Soixante milliards, ô Christophe Colomb ! L'auriez-vous imaginé le jour d'octobre 1492 que vous vîtes dans leur pirogue des hommes rouges entretenant de leur souffle le feu de leur cigare ?

Admirez les fumeurs ! Ils avaient beau se dire que les Américains substitués nous procureraient peut-être des cigarettes d'un bon tirage, le patriotisme l'emporta chez eux, l'amour-propre national, fâché de voir la France contrainte à quelque « aliénation » que ce fût...

On a heureusement cessé d'en parler. A peine

s'il en reste un prétexte de rendre hommage au véritable introducteur du tabac en France.

Peut-être croyez-vous que ce fut Jean Nicot, en 1560, Jean Nicot de Villemain, « ambassadeur de Sa Majesté très chrétienne en Portugal ». Il pensait que la nicotiane « est une espèce d'herbe de vertu admirable pour guarir toutes navrures, playes, ulcères, chancres, dartres et autres tels accidents au corps humain... »

Béats au fond de vos fauteuils, est-ce à lui que vous devez consacrer l'encens de vos cigares ? C'est à moins haut personnage, au sieur André Thévet, cosmographe du roi.

Un homme étrange. Il avait couru le monde ancien et le nouveau. Les poètes de la *Pléiade* lui ont dédié des vers. Lui-même a écrit une foule d'ouvrages. Il fournissait à ses contemporains des descriptions de la planète Terre dont ils restaient bouche bée. C'est là le premier Français qui ait fumé, ou du moins qui l'ait dit et dont on sache le nom.

Voici comment il parle, dans ses *Singularitez de la France antarctique*, de l'herbe que les sauvages nommaient en leur langue « pétun » :

« Elle est fort salubre pour faire distiller et consumer les humeurs superflues du cerveau. Davantage prise en cette façon *(c'est-à-dire en fumant, c'est le point)*, elle fait passer la faim et la soif pour quelque temps. Par quoi ils en usent ordinairement ; mesmes quand ils tiennent quelque propos entre eux, ils tirent cette fumée et puis parlent : ce qu'ils font coutumièrement et successivement l'un après l'autre en guerre, *où elle se trouve très commode...* »

Tout y est, jusqu'aux plaisirs de la conversation. Si je pouvais rapporter ce que Thévet disait en outre du vin (notamment à Madère), vous verriez s'il était bon Français, lui aussi ! Comme il n'était pas homme à manquer aux devoirs du voyageur, il fuma.

« Les chrestiens estant auiourd'huy par delà sont devenus merveilleusement frians de ceste herbe et parfum : combien qu'au commencement l'usage n'est sans danger, avant que l'on y soit accoustumé : car ceste fumée cause sueurs et foiblesses, iusques à tomber en quelque syncope : ce que i'ay expérimenté en moy-mesme. »

Thévet est né en 1502. C'est Villegaignon, vice-amiral de Bretagne, qui l'emmena au Brésil. Le livre qu'il en rapporta eut un grand succès. L'auteur, pour l'illustrer, avait fait appel aux « meilleurs graveurs » de Flandre, et il se loue d'avoir été le premier « qui ait mis en vogue à Paris l'imprimerie en taille-douce ». Il était un peu hâbleur et assez crédule, digressif et pédant. Il aimait les livres aussi. Et, merveille, les bibelots ! Il était lié avec le président Bourdin, autre bibliophile, avec Gilbert Génebrard, l'hébraïsant, avec Dorat et Joachim du Bellay, avec Jodelle, avec Baïf.

Tout ce monde, et Ronsard lui-même, compose des odes et des épîtres en son honneur. Guy Lefèvre de La Borderie lui dédie un poème de neuf strophes, neuf antistrophes, neuf épodes.

Aumônier de la reine, historiographe et cosmographe du roi, garde des « curiositez » du roi, abbé de Masdion en Saintonge, on ne peut pas dire que les Français, ses contemporains, lui aient été ingrats. Mais ce fut le plus « plagié » des hommes.

Un sort malin se plut à lui ravir toutes ses couronnes, comme il arrive à ceux qui ont plus d'idées que de talent. De toutes les dépossessions qu'il souffrit, nulle ne le navra davantage que celle qui touchait l'invention du tabac.

Il écrit amèrement dans sa *Cosmographie universelle* : « Je me puis vanter d'avoir esté le premier en France qui a apporté la graine de cette plante (*en* 1558) et pareillement semé et nommé la dite plante l'*herbe angoumoisine*. (Voyez s'il était patriote !) Depuis, un quidam, qui ne fict jamais le voyage, quelque dix ans après que je fus de retour de ce païs, lui donna son nom. »

La priorité de Thévet ne serait pas indigne d'une thèse en Sorbonne avec un grand appareil d'érudition. J'ai pris parti après examen. Vous pouvez me croire et, si vous fumez, élever dans votre cœur un petit autel au seigneur Thévet.

III

1921

On disait à mon ami :

— Il faut que vous soyez fou. Vous brûlez tous les jours une vingtaine au moins de ces petits cylindres malodorants, ruineux...

— Je vous arrête, dit-il, et il parla comme ceci.

Bien des gens ont chez nous une préférence marquée pour le tabac noir. C'est lui qui pue. Un appartement où l'on a consumé le soir beaucoup de caporal, essayez d'y respirer le lendemain matin : atroce ! Un vieux vagon de ceinture. Je raisonne naturellement de bonne foi : je suppose que les mégots ont été jetés, qu'ils n'ont pas passé la nuit dans les cendriers. Au lieu de tabac noir, si vous avez fumé du tabac blond, l'appartement ne sentira pas si doux qu'un jardin de tubéreuses ou que la chambre d'une jeune fille : il n'empestera pas, il y régnera même une odeur assez plaisante, vous n'aurez pas la nausée.

Cette différence des deux tabacs ne faisait pas question avant la guerre. L'homme qui se plaisait au noir était assez mal vu. Il n'était pas loin de dégoûter. Il passait pour un pilier de café. L'on souriait de ses grands airs lorsque, faisant parade d'un patriotisme hors de propos, il mettait une cruelle xénophobie à dédaigner l'autre tabac. Et lui, de son côté, vos mépris le faisaient rire, il vous jugeait efféminé, il avait pitié des façons qu'il vous voyait. Vous le traitiez *in petto* de goujat et lui, dans son âme, avait un noir soupçon, je ne dis pas lequel... Quel parallèle pour un La Bruyère ! Mais enfin, dans l'opinion du monde, et du monde élégant, l'amateur de noir n'avait pas barre sur vous. A l'heure du café, les dames fronçaient encore leur nez mignon lorsqu'elles lui voyaient brandir l'étui d'argent.

Et il triomphe à présent, il a fait école, vos jolies cousines elles-mêmes n'ont pas craint d'ajuster à la longue écaille que serrent leurs petites dents l'âcre caporal et le doucereux maryland. Encore nous les plaindrions, si elles se contentaient d'accuser la vie chère et d'humblement souffler leur triste fumée. Elles sont vaines au contraire de jouer aux garçons ; folles, qui se perdent l'haleine, il faut leur parler franc par charité.

Pourtant je serai juste. La différence des tabacs n'est pas dans la seule couleur, j'en sais des noirs qui sont d'aussi délicates marchandises que ce blond si fin que l'on nomme *barbe du sultan*. Je les ai vus en Algérie, longs, soyeux, souples, que les Arabes nés de bon lieu tiennent en des boîtes d'argent pour lui garder sa fraîcheur, et ils font leurs cigarettes d'une seule main. Je les ai vus en Espagne : hachés, secs, pétillants, pleins d'arôme, et dans les bonnes maisons les cigarières qui viennent à domicile, versent dans les grands paquets entr'ouverts un peu de Xérès.

Vous pensez si je puis dédaigner des tabacs si littéraires ! Leur riche parfum s'apparente à celui des cigares quand ils sont Havanes purs. Seulement les avez-vous sous la main ? Le nôtre est plat, il est infect.

Pour finir, c'est blond que je l'aime ; qu'il sente, anglais, le miel et la figue ; d'Orient, l'ambre et la rose sèche.

Je pense qu'il n'y a pas en France meilleurs citoyens que les fumeurs, qui paient plus lourde contribution. J'enrage donc qu'on ait mis le tabac blond à si haut prix qu'il faille être banquier pour y prétendre. Vous ne vous en inquiétez pas pour le quart d'heure, parce que nous puisons dans les tonnes cédées par les Américains. Mais quand les stocks, comme ils disent, seront consommés ? Que ferons-nous, pauvres sires ? L'État, qui comble les fumeurs de noir, ne met à notre disposition qu'un blond à bon marché, *le Levant*, et il est infumable, réduit à l'état de poussière ou comprimé en ligneuses branchettes. Voilà comme il est mauvais marchand, l'État français, avec ses monopoles. Les clients, *pfft* !... Le jour des élections ou ils oublient tout, ou ils n'espèrent plus rien.

IV

1922

Durant ces semaines consacrées à la mémoire de Molière, j'hésite à appeler mon ami du nom qu'il s'est acquis. Mais comment faire ?

Il y a deux façons de jouer les misanthropes, au naturel comme au théâtre. La première consiste à dédaigner les choses et les gens plus qu'on ne les décrie. Alceste, en ce cas, a plus de mépris que de haine ; à la fin, on le voit plus blessé dans son âme que transporté d'indignation. C'est la manière de Lucien Guitry, pleine de majesté. L'autre consiste à rager ferme, à rager sans débrider ; et quand la flèche de la douleur vous cloue, ce n'est qu'un moment. Au Vieux Colombier, Jacques Copeau procède ainsi. Cela est plus conforme à la volonté de Molière, on peut le voir dans la lettre du poète Donneau de Visé sur le Misanthrope. Il faut que l'homme aux rubans verts fasse rire. Il a raison, mais il fait rire ; par ce miracle d'un personnage qui soit comique sans être ridicule.

L'Alceste à qui je donne ici la parole n'espère pas être comique, et il ne se permet pas de mépriser les hommes. Il n'a de l'autre qu'un amalgame, plus modeste, de bile et de vérité. Nous disions qu'il fumait.

C'était avec tristesse. Il considérait du coin de l'œil le bout de sa cigarette parce qu'elle bourgeonnait, et l'effort de l'aspiration était sensible au mouvement de sa joue. Finalement, il éleva devant lui le petit cylindre candide, l'exposant à mon admiration. Le papier, du côté du feu, était mordu, gonflé, repoussé, et mon ami allait parler que des brindilles incandescentes jaillirent, une cendre enflammée, où brûlait vive une bûchette d'assez grosse taille. Il dut préserver son tapis d'un pied agile.

— Comment pouvez-vous, dis-je, fumer pareille horreur ?

— Les temps sont là que je vous ai souvent prédits, telle Cassandre... Les polytechniciens qui gouvernent les tabacs de la France ne sont pas absolument incapables de prévoir l'avenir, quoique la guerre et le souvenir de sa disette nous aient permis de penser le contraire. Ils

savaient, d'autre part, que l'herbe empoussiérée
vendue sous l'enseigne menteuse du Levant ne
pouvait satisfaire aucun palais sensible. Bref, ils
ont inventé avec orgueil une cigarette nouvelle.
Pauvres gens ! Ils y ont attaché une étiquette
anglaise, comme si nous étions déjà sujets de
Sa Gracieuse Majesté. En dépit de ce trait d'un
snobisme inattendu et tardigrade, nous, qui
n'avons pas tourné d'obus, fûmes d'abord heureux qu'on nous offrît, à la place des chères
américaines envolées, de bon Virginie, un peu
gros, mais doré. Hélas ! il a fallu déchanter. Le
papier en a petite mine, il fait pauvre, et pour
le reste, pour la qualité de la fabrication, vous
venez d'en voir les effets sur la haute laine de
Francis Jourdain.

Les polytechniciens précités, en veine d'inno-
vation, eurent ensuite une seconde idée, puis
une troisième. Il est temps qu'on les arrête. Que
s'aviseront-ils d'inventer ? Car si l'amateur
demande au bureau une boîte d'Aïchas, sur la
foi de ce prénom arabe il attend l'une ou l'autre
de ces cigarettes africaines dont le succès a été
grand en tous lieux après la victoire, sur les
bords du Rhin comme sur les rives d'Asie ; et
ce qu'on glisse entre ses mains déçues est blond,
presque blond. Il se fâche. Mais vous, trompé
par le nom de *Leïla*, qui vous évoque les roses
d'Ispahan, les flots du Bosphore, le souffle des
odalisques, vous ne serez pas moins irrité lorsque
vous tirerez sur l'âcre *chebli* qu'on a mis là par
contresens. Et c'est d'ordinaire un délicieux tabac

que ce *chebli* d'Alger, l'arome du Havane et le fil de l'Orient : celui-ci parait avoir trempé dans ces bains d'épaisse nicotine dont la République a coutume d'empoisonner l'herbe sainte. Personne n'est content. Les polytechniciens des Tabacs (je ne parle pas des autres) ne l'ont pas fait exprès [1].

Que si vous me reprochez d'arrêter mon esprit à de trop petites choses, je vous redirai, avec Molière, qu'elles sont le signe des grandes, et je vous rappellerai la prière de Jérôme Coignard : « Mon Dieu, donnez-moi le pain, le vin et le tabac de chaque jour. »

Et s'il vous plaît d'y joindre le cinéma, amen.

---

1. Reconnaissons toutefois leur touchante bonne volonté. Ils se sont aperçus que la cigarette moderne est de coupe ovale, et la Régie en vend une (de nom anglais encore, les innocents !) qui serait agréable mais qu'on sabote.

VIE CHÈRE ET BOURGEOISIE

Pouvez-vous me dire, demande mon ami Alceste, ce que gagne M. le président de la Cour de cassation ?

— Monsieur...

— Chut ! J'ignore son nom, j'ai besoin de l'ignorer pour raisonner.

— En 1914, il avait dans les trente mille...

— Le pauvre homme !... Car je suppose, pour la perfection du raisonnement, qu'il n'ait aucune fortune personnelle. Démocratie à part, il n'y a pas de raison pour qu'un magistrat sans fortune ne parvienne pas à ce sommet. Il y est. Après avoir tiré la ficelle toute sa vie, dans sa belle robe et sous la toque, vous pensez qu'il va pouvoir respirer. Bernique ! Il faut qu'il compte. Il faut d'abord qu'il se loge. L'économie bourgeoise a toujours disposé pour l'appartement du huitième des revenus. Votre premier président de la plus haute Cour de justice du royaume aura quatre mille francs de loyer. S'il a des charges, s'il est raisonnable, il ne dépassera pas trois mille. Une petite bonne ouvrira sa porte, au lieu d'un bel homme bien vêtu. Au bas de son escalier, les visiteurs devront lire quelque écriteau dans ce style : « MM. les fournisseurs sont priés de ne pas monter après dix heures. » Je n'exagère pas beaucoup. Votre président à mortier, en 1914, gagnait à peine plus que son prédécesseur de 1820. Or, en ce temps-là, une couple de poulets valait deux francs. Sous l'Empire, fonctionnaire à Paris, Stendhal gagnait six mille francs et pouvait faire le beau. Les présidents de cour roulaient en voiture, j'imagine. Le nôtre est obligé de galoper pour attraper l'omnibus. Lui, l'un des premiers personnages de l'État !... Anarchiste, si vous ne vous récriez pas !

— Où voulez-vous en venir ?

— J'illustre par des exemples le sort de la bourgeoisie française depuis cent ans. En 1914, la vie était déjà trois ou quatre fois plus coûteuse qu'en 1830. A présent, vous allez voir tous les bourgeois de France qui ne sont pas marchands porter des vestons râpés.

— Vive le commerce !

— Oui... Pourtant, il faut des magistrats, des officiers, des professeurs, et que leur vie soit décente. L'État a besoin de serviteurs, gens de courage et d'esprit... Dans un atelier de constructions pour l'artillerie, j'ai su le cas pendant la guerre d'un sous-lieutenant amputé, marié, père de deux enfants, pauvre, qui déléguait à sa famille la moitié de sa solde, c'est-à-dire cent vingt francs. Il lui restait pour vivre et se loger aux portes de Paris cent quarante francs, en comptant l'indemnité pour l'ordonnance. Lorsqu'il avait payé son déjeuner au mess, il ne savait plus comment dîner. Il ne dînait donc pas. Il achetait deux sous de pain, une tablette de chocolat et remontait dans sa chambre. Où le pain de la France devait lui paraître amer, qu'il portait à sa bouche de son unique main. A la même époque, un manœuvre kabyle gagnait 400 francs.

— Mais des augmentations ont été accordées.

— Le Kabyle aussi a été augmenté. Nous assistions les jours de paye à une farce. Il n'y avait pas de contre-maître, il n'y avait pas de chef d'équipe qui ne gagnât plus que les capitaines chefs de service. Les chefs d'ateliers (civils) gagnaient plus que les galonnés à quatre branches. Et ce n'était pas le directeur, un colonel, qui touchait, comme vous auriez pu le croire, la somme la plus forte. Les vieux chefs d'atelier lui faisaient la pige. Il est vrai qu'ils passaient à la caisse, tandis que l'officier payeur portait au colonel les billets dans une enveloppe. Quant au menu-fretin des lieutenants et sous-lieutenants, vous savez déjà qu'il n'en faut point parler. Même les scribes, ces parias, même les scribes à la fin gagnaient davantage.

Le jeune Bonaparte, à Beaucaire, avait, je crois, 90 livres. Or, la pauvreté d'un sous-lieutenant d'artillerie au XVIIIe siècle était déjà proverbiale. Multipliez cependant 90 francs par 4. Vous aurez 360 francs. En 1914, à Beaucaire, un sous-lieutenant d'artillerie avait 240 francs. Le monde à l'envers. La France pareille à un homme condamné à ne jamais marcher que sur les mains.

— Il y a eu des changements.

— Tous mesquins. Voilà comme j'attends de l'État français qu'il soit libéral. En rétablissant, en un seul grand coup, s'il en est capable, l'harmonie des rémunérations et des capacités, du gain et de l'emploi. Question d'ordre. Réduction et remaniement des personnels. Balzac en raisonnait déjà (dans *les Employés*), et la bureaucratie n'en était qu'à son début... Si l'on n'y remédie, la justice n'aura plus de magistrats, l'école plus de maîtres... Déjà, les officiers d'artillerie quittent à l'envi ses ateliers et ses manufactures. Les administrations privées, elles-mêmes, entraînées à se régler sur l'exemple officiel, n'auront guère plus que des employés découragés[1].

Un grand danger, la lassitude de cette bourgeoisie, moyenne et petite, qui donne au pays ses cadres. Pensez à l'élève de Centrale qui gagne moins qu'un bon tourneur et rêve que si la société était bouleversée, sans qu'il y fût directement pour rien, il pourrait du moins *déchoir sans déshonneur*, et même avec profit.

---

1. Écrit en 1919. — Une somme de six millions affectée par l'État, dans le budget de 1921, aux bourses des lycées, n'a pas trouvé d'emploi faute de boursiers. C'est la petite bourgeoisie et le peuple doué qui renoncent aux carrières libérales et intellectuelles.

Il se trompe, je le sais bien. L'on sera sage pourtant d'éviter qu'il se dise, dans son cœur secret : « Ma foi, tant pis !... »

LE MONDE ENLAIDI

Un journal grand ouvert dans ses mains, mon ami Alceste admirait le tableau de la vie chère. Les chiffres terribles lui arrachaient de temps à autre quelque sourde exclamation.

— Quand on pense, s'écria-t-il, que Christophe Colomb se trouvait assez payé, pour trois mois de solde, d'une somme de cinq cents piécettes ! Toute l'Amérique pour vingt-cinq louis ! C'est aujourd'hui le salaire d'un balayeur. Et le pauvre bougre que tout cet argent doit éblouir, même en papier, quand il le touche, je songe à son épouvante lorsque, l'ayant vu disparaître, il se trouve pauvre comme devant, son pain de quatre-vingt-dix centimes sous le bras, son tabac de vingt sous dans la poche.

On présenta à Alceste son courrier, dont il tira l'une de ces grandes cartes postales d'Amérique repliées en trois ou quatre morceaux. Elle représentait un gratte-ciel rouge de vingt-cinq étages, *the highest in the world.*

— C'est, reprit Alceste, le seigneur Louis Thomas qui me l'envoie. Elle arrive bien. Cette image et ce tableau, voilà la double figure de notre destin.

— Mais non ! Y a-t-il à Paris aucune maison qui ait élevé seulement un douzième étage ?

— Mais treize paliers, ou vingt-cinq, ou seulement plus de trois, n'est-ce pas la même laideur ? Craignez, dès que l'on pourra se mettre à bâtir, que pour contenter tout ce peuple qui cherche un toit, on ne rehausse encore les nôtres, et que d'innommables tourelles, des échauguettes hallucinantes, n'envahissent ce peu de ciel.

— Nous serions logés, du moins.

— Sauvage ! Comme le sol de Paris est entièrement miné, comme tant de galeries ouvertes pour notre commodité dans l'épaisseur de la terre font ressembler la plaine à une éponge (et qui boit), il ne faudrait peut-être pas y fabriquer trop de Pélions ni d'Ossas. Mais pour gémir, pour crier que le monde devient chaque jour plus inhospitalier et moins beau, au rebours de ces vains souhaits que forment les poètes, je n'attendrai pas que Paris ressemble à New-York. Je me plains déjà. Je le proclame déjà d'une laideur inhumaine... Tenez : je dînais l'autre jour chez des gens dont la fortune n'est pas médiocre, puisqu'ils dépensent cent mille francs par an. Ils vivent dans ce que l'on nomme aujourd'hui un bel appartement. Vous montez par un escalier qui paraît vaste, parce que notre œil est fait à la petitesse. Revenez d'Italie, de quelque petite ville du Midi de l'Italie, revenez seulement d'Aix ou de quelque rare hôtel du vieux Paris. Vous verrez si les plus pompeux escaliers du seizième arrondissement ne vous semblent pas exigus et minces. Vous sonnez à la porte. L'homme qui vous ouvre est en pantalon. Voilà la galerie, misère ! Et deux ou trois salons, dont le moins petit n'est pas bien grand, allez ! Vous sentez que vous n'avez qu'à pousser la porte, là, pour avoir accès aux chambres à coucher, et qu'elles sont mesquines, avec leur unique fenêtre sur la cour. Quand la maîtresse de maison se met au lit, elle entend peut-être ses voisins de l'étage supérieur tourner, avant de fermer leurs yeux, le bouton de la lumière. Quand elle se met à table, elle peut se dire qu'on en fait autant sur elle et par dessous. Est-ce que ces piles de salles à manger, est-ce que ces alignements de lits ne vous font pas pitié ? Vos hôtes n'ont pas plus de trois domestiques, et les voilà peut-être empêchés de garder leur auto... Elle aurait pu virer commodément dans le salon d'autrefois que je revois en fermant les yeux. Il était au rez-de-chaussée d'un hôtel où j'ai eu la douleur un jour de voir mettre la pioche. Le quartier silencieux était plongé à la tombée de la nuit dans un calme que rien ne troublait... Sinon, de temps à autre, le pas luxueux des chevaux, la voix de quelque cocher demandant la porte, ou, le son du cor, le samedi, joué par quelque petit valet, ambitieux de devenir piqueur.

Celui qui vous peint ce Paris magnifique n'est pas un vieillard. Il n'y a que trente ans, un homme riche l'était encore. Aujourd'hui, un homme à cinquante mille francs de rente n'a plus les moyens d'avoir une voiture. Ce millionnaire est plus pauvre que Stendhal dans son tilbury.

Nous manquerions, il est vrai, de sagesse si nous oubliions plusieurs petites choses. A savoir que le sort du monde est de changer, qu'il s'est trouvé des hommes pour créer des richesses nouvelles et faire face à tout un luxe inédit, que la glissante fuite d'une Rolls-Royce lumineuse dans le brouillard n'est pas moins émouvante que le trot de deux alezans bien attelés, que rien n'enlaidira jamais la lumière du soleil, et que dans ce changement que je disais, qui est notre sort, ce sont les apparences qui passent, le fond des choses et leur rapport demeurant les mêmes, comme le cœur humain invariable.

Mon ami se tut comme on apportait *les lampes*. Ses lampes invraisemblables. Ses lampes archaïques, gorgées d'huile, et qui se lamentent quand la mèche est au bout. Leur beau globe de cuivre reflétait comiquement le nez penché de son visage.

BUDGETS PRIVÉS

M. René Johannet ayant fait, avec chaleur, l'éloge du bourgeois français, M. Georges Sorel l'en a repris [1].

Tout le bien que René Johannet dit de la bourgeoisie française, je le pense aussi. Soyez fier comme lui. La bourgeoisie dirige tout par

1. Voir les deux textes dans la *Revue Critique des idées et des livres* du 25 septembre 1920.

le simple exercice de ses facultés, de ses lumières, ma foi, de ses vertus, — mêmes celles qu'un poète a le droit de juger mesquines. Il est facile d'imaginer des institutions moins imparfaites que les nôtres. Notre bourgeoisie ne cesserait pas de jouer le premier rôle. Une seule chose la pourrait écarter, qui serait la conquête de l'État et de ses rouages par l'illusion russe, mais en même temps la ruine de toute civilisation.

René Johannet ne semble pas tant craindre ; et tous les bons esprits partageront son optimisme, sous la seule réserve d'un possible découragement de la petite et moyenne bourgeoisie. Il faut redouter l'état d'esprit d'un juge, d'un officier, d'un ingénieur, fatigués de leur vie trop étroite et laissant tout aller. La bourgeoisie a deux forces : elle sait entreprendre, elle sait épargner... Le double mouvement par lequel les hommes parviennent à rendre l'avenir moins incertain, à étendre leur empire sur les éléments. Si c'est un lieu commun, tant pis !

Bien différent, l'esprit ouvrier. Je dis l'esprit, parce qu'en fait bien des ouvriers sont bourgeois, en France. Il permet que l'homme vive assez mollement au jour le jour, heureux de l'aubaine, résigné devant l'infortune. Peu d'économie, presque point de prévision.

Un ménage ouvrier vivait pauvrement, aidé à l'occasion par une « dame visiteuse » de l'Assistance publique et la supérieure d'une congrégation charitable. Il arriva que, grâce aux nouveaux salaires, leurs protégés n'eurent plus besoin d'elles. Le père gagnait quarante francs par jour, la mère vingt-cinq, soixante-dix les trois enfants. Additionnez : il entrait chez eux cent trente-cinq francs par jour, qui font, pour vingt-cinq jours de travail mensuel, quarante mille francs pour l'année.

Prenez un bourgeois pareillement favorisé, quelque petit comptable. Vite, il aura un bel appartement, son rêve. Vite, il verra un tapissier. Vite, il aura une bonne. Et, vêtu avec soin, il imaginera quelque affaire... Ou bien, continuant de vivre à peu près comme devant, il réservera tous ses capitaux afin de s'établir. Ou bien encore, par chicheté, il se contentera d'épargner, créant ainsi des réserves dont les autres profiteront, ou l'État.

Et nos ouvriers ? Ils ont un loyer de mille francs. Point de domestique. Point de meubles. Sinon quatre beaux grands lits tout neufs, parce que si le mauvais temps revenait, l'huissier n'y pourrait rien. Et ce dernier trait est touchant. Il trahit même une défiance assez philosophique, mais qui pourrait être plus poussée, car enfin, lorsque rien n'est sûr, on peut s'offrir jusqu'à des psychés. Ce qu'aiment nos gens, c'est la bonne nourriture. Je n'en jugerais point par la langouste et le vin d'Asti qu'ils ont offerts à la religieuse amie, si je ne pensais que tel est leur ordinaire, pour avoir vu, durant la guerre, la volaille pendre en chapelets aux boutiques d'une petite ville industrielle. Où ce n'étaient pas les employés de bureau à trois cents francs par mois qui les venaient quérir.

Il se peut que je me trompe, que j'exagère, que les mortels précités, dont le bonheur n'est pas du tout choquant, aient d'autres plaisirs que de gueule. Il se peut qu'ils supputent l'avenir, que les enfants du moins songent à peser sur l'avenir au moyen des billets épargnés. Alors, ils sont bourgeois : l'affaire d'une génération. Bourgeois comme vous et moi, sans doute plus que moi. Georges Sorel a toujours tort, René Johannet toujours raison.

LES RICHESSES DE LA TERRE

En l'an funeste 1914 vivait en un coin de la France un riche homme, comme parle Victor Hugo, un riche homme qui avait une grande partie de sa fortune en terres. C'étaient de bonnes terres au soleil qu'il avait héritées de son père, celui-ci du sien, et ainsi de suite, en remontant de mâle en mâle. Il tirait de là un orgueil légitime, à la manière de ce personnage de *Nène*, le roman de M. Pérochon, qui songeant à son petit domaine de paysan aimait qu'il fût à sa famille depuis des siècles, comme une terre noble.

Voilà le premier trait d'un caractère. Avant d'en venir au fait, rassemblons les autres. Notre homme ne se distingue pas de ses contemporains par une très vive intelligence. Campé sur ses jambes, établi dans sa petite ville, il exerce sur tous ses entours le pouvoir qu'il tire de ses biens. La déférence va moins à sa personne qu'à tant de richesses authentiques et enregistrées. Il ne lit qu'un journal, à peine, et point de livres, sinon des traités d'agriculture qui lui permettent de briller. Les paysans l'écoutent d'autant plus volontiers que, parlant avec eux leur langue, il partage presque tous leurs préjugés.

Si l'on veut, il ressemble un peu à ces bourgeois de campagne décrits par M. Ménabréa. Livre bien fait que ces *Avares* ; mais la satire en est trop cruelle parce que, méconnaissant la force et la solidité d'un race, elle s'attaque plutôt à ses types excessifs ou dégénérés. L'homme dont je parle, assurément il aime à épargner, mais plutôt qu'avaricieux il est prudent. Autant qu'un Sioux qui a déterré la hache des combats. Et il arrive, bien sûr, que cette prudence lui joue des tours. Bornant sa vue, qu'elle lui ait fait manquer plus d'une occasion. Le plus souvent elle le sert. Assez gauche, presque ignorant, timide sous ses airs de bravoure, il laissera chacun de ses trois enfants aussi riche qu'il était lui-même. Bon dieu ! je ne veux pas que toute mon artisterie me prive de l'admirer.

Quand la guerre éclata, il y avait des années que tous les esprits forts de la province se riaient des baux qu'il imposait à ses fermiers. Figurez-vous qu'il les obligeait encore à payer partiellement en nature : tant de mesures de blé, tant d'avoine, et tant de poulets, tant de boisseaux et tant de têtes... Quel fou, disait-on ! Il avait ensuite l'embarras de vendre lui-même et l'ennui de consommer. Il se nourrissait de cochon pendant des semaines. Est-ce qu'il ne savait donc pas que l'argent remplace avec avantage les richesses non maniables, et le papier, l'argent ? Lui tenait bon ; et faute de pouvoir alléguer en face l'invincible méfiance logée dans ses veines, il objectait seulement : « Je fais comme faisait mon père. Il faut croire qu'il avait ses raisons. » Au vrai, il ne savait pas lesquelles. Sans les connaître, il les tenait pour bonnes. Son père du moins, un fils peut s'y fier.

Après les années grasses, les maigres. Aux financiers de sa connaissance, leurs fermiers apportaient toujours le même argent, mais c'était chaque année avec un sourire plus marqué. Car la somme n'avait pas changé mais la valeur. Avec cent écus, je suppose, qu'on lui devait, un rentier fut bientôt moitié moins riche, et puis encore plus pauvre. Lui cependant touchait son blé, touchait ses poulets, touchait ses veaux, touchait ses cochons. Entouré du croissant respect de ses fermiers, il s'enrichissait comme eux. Alors il triompha :

— « N'avais-je pas raison ? Nos pères savaient bien qu'il y a des guerres et des révolutions sur la machine ronde. Alors l'argent est peu de chose, le papier moins que rien. Les fruits de la terre en deviennent plus rares et précieux, et celui qui principalement a compté sur eux reçoit sa récompense. Les gens se moquaient de lui, il se moque des gens. C'est à bon droit, car le xixe siècle a fait la guerre autant que les autres ou davantage. Il fallait prévoir que notre tour viendrait. »

Nous savons qu'il n'a pas bien le droit de parler ainsi ; il se vante. Et je vous accorde qu'à voir les choses en idéaliste, en moraliste esthéticien, il n'est pas très joli, il n'est pas très juste, que sais-je ? qu'une aussi chétive qualité de l'âme étroite reçoive par chance et par aventure une pareille revanche, un tel loyer. Mais vous me faites rire avec vos lubies. Comme si vous ne saviez pas le train du monde ! Un homme sans génie, qui veille sur son sillon et qui déjà sait qu'il faut se défier du temps, de la méchanceté des hommes, de l'inclémence du destin, il fait bonne tâche... Voudriez-vous que chaque bourgeois de France fût un Pierpont-Morgan ? Voulez-vous la lune ?

L'ERREUR D'HARPAGON

Je loue (naturellement) l'économie, vertu bourgeoise. Mais si elle n'est pas guidée par cet esprit de discernement plus rare au monde que les diamants et les perles, je sais qu'elle peut être ruineuse...

Vous souvenez-vous des jours que le tranvoie d'Auteuil à Saint-Sulpice était traîné par des chevaux ? Ne remontez pas au déluge. Je n'évoque pas cette légère caisse de tôle qu'un cheval unique faisait glisser sur les rails bien polis, ni le cocher serré dans sa gaîne, pareil à un cul-de-jatte. J'en suis aux temps historiques. Avec l'admirable régularité des êtres vivants, les beaux percherons attelés par paires vous menaient de la porte du Bois jusqu'à la rue Madame en quarante-deux minutes exactement. Jamais ils n'en mirent quarante-trois. Lorsque le long de la route, pour monter à leur commodité, faisant signe au cocher du pas même de leur porte, les gens les avaient trop souvent arrêtées, les braves bêtes pressaient machinalement leur trot. Elles savaient l'heure.

On s'en défit pourtant, il fallut céder au progrès, remplacer les chevaux par le fluide universel. Sachez alors quel fut leur calvaire et leur héroïsme. On en vendait chaque jour. Ceux qui demeuraient devaient assurer le service malgré leur petit nombre, sans cesse réduit. Quelques-uns crevèrent à la tâche : mais il n'en mourut jamais qu'à l'arrivée. Ils tenaient jusqu'au bout. Et voilà quelle dureté l'avarice d'un siècle humanitaire peut inspirer ! C'est à ce moment que j'ai cessé de rire de l'écriteau bénévole : *Soyez bons pour les animaux.*

La perche des nouvelles voitures posée sur le long câble, que pensez-vous qu'il arriva ? D'abord, les gens en furent bien aise. L'électricité, enfin ! Puis, ils furent étonnés. Ils regardèrent leur montre. Ils virent qu'avec tout leur tintamarre les étincelants vagons demeuraient en route trente-cinq minutes. Encore fallait-il que les choses allassent tout à fait bien, et c'était un bonheur si rare que je n'ai jamais fait quatre voyages de suite que la perche ne faillît. Alors le conducteur descend, il se pend à la corde et tire, au milieu des quolibets. L'on a honte d'être Parisien. Les trente-cinq minutes réglementaires, et scandaleuses, tiennent à la forme des voitures. Tout le monde debout au centre et la même porte pour descendre et monter. La Compagnie n'a en vue que le transport du plus grand nombre possible de gens en un seul voyage. La commodité des indigènes, l'honneur et le décor de la ville, bagatelle. Harpagon pense à son sac.

C'est pour y trop penser qu'il est refait. Un homme qui avait mille francs dans son tiroir en mars 1919 et qui ne les a pas employés à se pourvoir du linge, des vêtements et des chaussures dont il aurait besoin en mars 1920, a bien perdu mille francs : tout un Billet ! Les mêmes Compagnies de transports nourrissent gratuitement un personnel occupé à contrôler. Allez en paix de Paris à Bordeaux. Si vous voulez, de Passy gagner la Madeleine : « Votre tiquet, s'il vous plaît ? » Pour éviter de perdre cent sous, Harpagon est homme à dépenser cent francs. Je l'admire quand il est le Prince et qu'il élève le prix du téléphone. On doute que les tarifs nouveaux rapportent davantage, car ils sont fous. Mais l'administration travaillera moitié moins, pour un même bénéfice. La République fainéante.

L'État ici imite les particuliers, dans leurs vices mortels.

Je parle de ce qu'on appelle à mots couverts « la limitation volontaire de la production ». Il y a longtemps qu'elle gêne le pays et, dans tous leurs débats, ni les patrons ni les ouvriers n'en soufflaient jamais mot. Il y avait entre eux comme un pacte tacite. Ils se méfiaient les uns des autres. S'ils avaient augmenté leur production, les ouvriers songeaient que les patrons en profiteraient pour diminuer le prix du travail aux pièces, et les patrons à leur tour craignaient d'augmenter le prix de l'heure sans obtenir un rendement meilleur. Ils avaient, les uns et les autres, raison. Et ils avaient tort. Mais il n'y a personne pour les accorder. Ah ! c'est un bel imbroglio, une silencieuse comédie qui peut vous paraître incroyable, mais que votre Alceste a vue de ses yeux. La journée de huit heures est venue compliquer la question et menacer ensemble tous les Harpagons, bourgeois ou prolétaires. Ils sont tous bourgeois, si vous prenez le mot comme faisait Flaubert. Dont je n'ai garde, d'habitude...

LE PRIX DU MOINE

Alceste considérait, étalée sur un fauteuil, une robe de juge, rouge et noire, avec la patte d'hermine, qui est lapin façonné.

— Je l'ai par héritage, m'a-t-il dit, et je comptais la garder en souvenir du magistrat qui l'a portée, mon parent, dont j'étais fier. A présent, je rêve aux moyens de l'utiliser, parce que les temps sont trop durs aux malheureux bourgeois. Rassurez-vous. Ne froncez pas un sourcil pudique. Je n'en veux pas faire un pyjama. Je voudrais seulement la donner. Connaissez-vous quelque avocat-général ou quelque procureur de la République à qui nous pourrions mystérieusement l'envoyer dans un paquet anonyme ?

C'est une idée baroque, je vois bien qu'elle vous froisse. Le poil de votre chair en est ébouriffé. Et j'aime à vous voir saisi d'un tel sentiment de respect et d'effroi. Mon idée vous semble injurieuse et même abominable, parce que vous avez l'esprit tout pénétré de cette dignité, de cette décence, qui ont toujours été les marques de la bourgeoisie française dans ses fonctions. Un Mirbeau a pu s'égosiller. Nous savons que pour lancer les traits de sa vaine colère il était obligé d'inventer une cible imaginaire. Odieux ou bouffons, ses personnages étaient exceptionnels ou faux, toujours menteurs, et l'on a beau jeu d'opposer à ces fictions intéressées la carrure de tant d'honnêtes gens, probes, loyaux et calmes, par qui la société tient debout : prêtres, magistrats, officiers, fonctionnaires... Dans tout le cours du siècle, ils n'ont cessé de donner au reste des Français l'exemple d'une vie honnête... Oui, et de plus en plus difficile. A la fin, la gêne s'est installée chez eux.

Un journal illustré, qui a souvent d'heureuses inspirations, a publié naguère un bon tableau pour montrer ce qu'il en coûte d'exercer une fonction à costume. Que l'habit ne fasse pas le moine, c'est vrai si l'on veut dire par là que l'honnête homme se reconnaît, même en veston râpé, au moins dès qu'il a ouvert sa bouche diserte. C'est encore vrai, si l'on veut dire que sous la ruineuse pelisse le mufle enrichi se laisse encore discerner. Mais l'homme que vous avez chargé d'une fonction, qui porte dans sa personne une part de l'autorité sociale, vous ne voudriez pas que, timide et honteux, sous un vêtement lamentable, il fît pitié ? Alors le banquier véreux appelé dans son cabinet lui soufflera dans le nez la fumée de son cigare.

Sachez donc qu'un ambassadeur doit aujourd'hui sortir de son portefeuille quatre suprêmes vignettes pour payer ses broderies. Pour cette pourpre que voilà, ajustée sur ce satin noir, il en faut certainement plus d'une. Ne me dites pas surtout que le représentant de la France pourrait paraître en redingote, et que la justice pourrait être rendue en veston. Quelle plaisanterie, qui sent son 1890 ! Quand on supprima la robe noire que les étudiants passaient à l'école de la rue Soufflot, on crut faire un coup de maître. Et ce qu'il arriva, vous vous en souvenez : toutes les différences qui résultent des biens de fortune parurent au jour. La robe, au contraire, assurait l'égalité devant l'argent entre les jeunes gens que la société allait marquer d'un même signe privilégié. Dans le même esprit, considérez que ce président de cour chargé de famille risque de faire figure de petit garçon devant le bel avocat fastueux dans sa jaquette de grand tailleur. Considérez aussi que tel vieillard un peu fol, trop fidèle aux vieilles modes, risque dans son accoutrement de faire rire de lui et de la justice. La robe efface ces différences de la richesse et des personnes, pour établir une meilleure hiérarchie, celle de l'ordre public.

Il faut seulement qu'elle soit propre, la belle robe. Il faut que l'habit brodé du consul ou le dolman de l'officier lui fasse honneur. Il faut encore que, pour en solder la façon, il ne doive pas faire danser ses enfants devant le buffet.

PAUVRETÉ BOURGEOISE

Une petite salle à manger Henri II. La table est couverte d'une sombre peluche verte ; suspension de bronze, et des assiettes peintes au mur.

Une seconde table, ou plus exactement une grande planche à dessin sur des tréteaux, supporte les vastes feuilles de papier, des godets à encre de Chine et les pinceaux.

Un grand homme blond est là, qui me reçoit timidement. Il est habillé d'un veston gris qui luit par places, d'un pantalon fatigué et d'un gilet noir, seuls restes utilisables de trois complets différents. De gros souliers. Une cravate quelconque. Le tout, aussi propre que possible. Et enfin, ce qui ne s'imite pas : l'air d'un monsieur.

Sur toutes choses sa mine fait de la peine, non pas humble assurément, ni serve, mais, comment dire ? lasse, ou plutôt résignée, attentive, toute assombrie par une tâche ingrate, qui, laissant encore intacts le courage et la bonne volonté, a depuis longtemps chassé toute espérance.

Il me dit qu'il fera de son mieux, qu'il ne peut pas fixer d'avance le prix du travail que je lui demande, qu'il comptera son temps.

Je ne pouvais pas prévoir la suite de notre entretien. Je lui demandai, avec une inconsciente cruauté, bien que poliment, vous pensez, la valeur de ce temps, le prix de son heure.

Alors ce « monsieur », alors cet artiste, alors ce bourgeois, me répondit avec douceur :

— Un franc cinquante.

Je n'ai pas le droit de nommer sa profession. Il n'aurait qu'à se reconnaître, pour sentir une sorte trop dure d'humiliation. Ou je veux, s'il se reconnaît, qu'il voye que j'ai traité son cas dans une louable généralité et que ma sympathie n'a pas été indiscrète... Il suffit de savoir qu'il exerce l'un des métiers lentement ruinés par la photographie et, pour le redire, que c'est donc un bourgeois. S'il était ouvrier, prolétaire, vous sentez qu'il ne se contenterait pas de trente sous pour soixante minutes.

Bien entendu, je parle sans haine. Je parle

par amour... Et pour le plaisir de considérer les bouffonneries du monde.

Vous connaissez ce petit chemin de fer qui, longeant un bois célèbre, va des portes de Paris jusqu'aux pentes des Coteaux. Les ouvriers y ont droit, comme juste, à un abonnement à prix réduit. Ils y avaient droit pendant la guerre, quel que fût leur gain, qui n'était pas médiocre. Il suffisait que leur qualité de tourneur, d'ajusteur, de décolleteur ou de manœuvre fût établie par certificat. *Leur qualité*, entendez-moi bien... Les employés, au contraire, les contremaîtres à plus forte raison, toute cette malheureuse race des comptables, caissiers, dessinateurs et autres paperassiers, s'ils désiraient bénéficier de la même réduction, étaient tenus de prouver que leur salaire total annuel ne dépassait pas deux mille quatre cents francs. C'étaient des *bourgeois*, comprenez-vous ?

Le plus fort était que tout le monde paraissait considérer que la chose allait de soi. Les ouvriers, naturellement. Mais la compagnie aussi ; mais les intéressés eux-mêmes, les bureaux des fabriques. Nous ne fûmes que deux à nous indigner, à croire que ce fût un vestige et qu'on le réformerait dès qu'il serait signalé : votre serviteur, le méchant *auxi* Alceste, et son chef de service, un officier à cinq galons, un « original » aussi. Pour tout le monde l'affaire était claire, le privilège normal et légitime. C'était, aussi sûr que deux et deux font quatre, une question de *qualité*.

Conclusion et parachèvement que n'avaient pas prévu les rédacteurs de la déclaration des droits de l'homme. D'ailleurs, ce n'est pas eux que j'approuve et ce n'est pas la classe ouvrière que je blâme. C'est la mienne que je morigène.

La mienne... Je prévois un temps que l'écrivain sera logé dans une soupente ou dans une cave, et qu'il recevra la visite de quelque grand (en fer), qui aura même honte de le faire venir chez lui et qui lui commandera, le chapeau sur la tête, des sonnets d'amour ou l'élégie de la rupture.

— C'est deux sous la rime, mon bon monsieur.

LA MODE ET LA NÉCESSITÉ

OÙ L'ON INVENTE UN COSTUME

LE LINGE

Mon ami Alceste vous jette à brûle-pourpoint des questions socratiques dont il tirera parti, même si vous ne répondez qu'à peine.

— Y a-t-il longtemps, m'a-t-il dit, que vous n'avez vu M. Marcel Boulenger ? L'avez-vous vu depuis que vous êtes démobilisé ?

— Quelquefois.

— Bien. Et quelle cravate est-ce qu'il porte ?

— Mon Dieu...

— Noire, elle est noire, sa cravate. Une régate assez mince, en satin.

— Eh bien ! il est peut-être seul à Paris.

— Justement. Mais vous ne remarquez rien. Et quelle sorte de col lui voit-on ?

— Vous êtes insupportable et je ne suis plus Philinte. C'est vous maintenant, mais un peu trop systématique. Vous lasserez tout le monde.

Pour couper un cheveu en quatre, vous le frisez d'abord.

— Marcel Boulenger porte un col double, dur et non glacé.

— En vérité.

— Quoi ! Vous ne vous récriez pas. Non glacé. Vous n'admirez pas cette admirable trouvaille. En un temps où le machinisme des blanchisseurs change la toile en porcelaine, Marcel Boulenger sera le seul homme à mettre à son cou du linge. Du linge, comprenez-vous bien : cette douceur, cette fraîcheur... Le grain en est fin et la couleur neigeuse, avec un reflet bleu. Les mains des lavandières l'ont trempé dans une eau pure et le fer a chauffé sur un vrai charbon. Il n'a pas connu la barboteuse, les engrenages, les cylindres. Que M. Marcel Boulenger est donc un homme heureux, et comme il mérite son bonheur !

— La belle affaire ! Il n'y a seulement pas songé. Il a sa demeure à Chantilly (Oise). Cela s'est fait tout seul.

— Vous êtes naïf. J'admettrai tout au plus qu'il se soit laissé surprendre une fois, la première, que sa blanchisseuse de Chantilly lui rapporta des cols non vernis, et dans un panier peut-être. Mais au lieu de gronder la fille, il bénit aussitôt sa chance.

Ainsi Wistler, lorsqu'il vit passer miss Rosa Corder vêtue de brun, « devant une porte qui se trouva être noire ». Jacques-Émile Blanche nous rapporte qu'il eut l'idée de l'arrangement en brun et noir, « exemple accompli de sa manière définitive ». Et sans l'intervention du génie, la merveilleuse rencontre restait inaperçue, elle s'évanouissait au sein de ces choses dont le monde déroule sans cesse à nos yeux le tableau monotone. De même, Marcel Boulenger, les dieux lui ayant souri, comprit leur dessein, et pour parfaire l'effet de la toile blanche, il a choisi ce type de cravate noire, digne de la marine anglaise...

— Je suis pantois.

— Oui... Et nous ? Avez-vous mesuré qu'elle était notre infortune ? Quand vous aurez confié une fois ou deux vos cols, vos précieux cols, à la blanchisseuse de votre quartier, elle vous les rendra coupés. Que si vous croyez pouvoir vous permettre une légère et décente observation, vous serez qualifié de noms empruntés à diverses faunes. L'on vous fera ressouvenir par voie d'allusions que Lénine et Trotzky règnent dans la ville qui fut Pétersbourg. C'est qu'il n'est plus de repasseuse à la main. La blanchisseuse de votre quartier remet son paquet de cols à une usine, toute pleine de machines infernales. Cette révolution, à peine dessinée en août 1914, était accomplie au retour des soldats dans leurs foyers. On a beau chercher, à présent, et se travailler la cervelle ! Il y en a qui tentent des moyens héroïques, chaque semaine ils envoient dans une lointaine province un petit colis. Le moyen m'a été indiqué par M. René Johannet, l'auteur du *Principe des nationalités* et de *Rhin et France*, qui se révèle par là aussi un digne

élève de Taine. Mais n'attendez pas du peuple
des hommes ces beaux recours du désespoir. Ils
se résigneront presque tous, ils porteront en trop
grand nombre des cols mous, même l'hiver et
même le soir. Ces cols mous que les jeunes gens
avant la guerre avaient imaginés, tout le monde
les porte aujourd'hui, jusqu'à des vieillards.
Ainsi va le monde. Les variations des mœurs
changent le costume. Mais l'on aimerait que
la mode toute seule parût dicter son inconstante
loi. Car son capricieux arbitrage a le sourire du
bonheur. Il est pénible, au contraire, de songer
(si vous voulez bien me permettre une image
hardie) que la nécessité y a mis la main. Sa sale
patte ! Mais c'est ainsi. Le prix de tout a si folle-
ment monté, de la laine, du coton et du cuir,
que trop de Français, à force de petits sacrifices
et de quotidiens renoncements, vont attraper un
air de pauvreté. Les étrangers, alors, traverseront
l'Océan, ils viendront chez nous, nous éblouir,
touristes condescendants. Est-ce qu'il n'y a pas
de quoi vous faire maigrir le cœur ? Lorsque vous
m'entendez maltraiter M. Wilson c'est à quoi je
songe aussi, à ce luxe français dont une juste
paix ne nous aurait pas privés. De toutes les
manières, je veux que les Français restent, comme
disait Mme de Sévigné, les plus « jolis » du monde.
D'ailleurs, je l'espère bien.

A peine démobilisé (mars 1919), c'est plaisir de *barnabothéer* [1]. C'est courir les boutiques, c'est y perdre la tête. Comme je suis raisonnable, j'avais résisté jusque-là à la tentation de gaspiller mon temps aux devantures. J'y plongeais le regard en passant, et il est vrai qu'un clin d'œil suffit.

Je me souviens qu'à chaque moment je frémissais. Les beaux chapeaux étaient d'un feutre épais, choisi pour allonger l'ovale du visage. J'aimais aussi chez ce tailleur un certain veston, creusé sans excès, comme il convient à l'homme de trente-cinq ans qui ne veut pas ressembler au maître à danser de M. Jourdain. J'approuvais cette chemise de piqué blanc toute molle. Et ces gants de daim fauve, mon Dieu ! qu'ils étaient confortables, d'un beau goût sévère ! Et les cannes !... J'en convoitais une surtout, où l'on voyait encore l'écorce de l'arbre. Les cravates me noyaient dans un océan de délices.

C'est fort bien, me disais-je. Le goût de Paris n'a pas dégénéré, et même, les plus difficiles de nos élégants se plaignant naguère d'une certaine décadence, ils seront étonnés à leur retour, ils seront contents de voir que leurs craintes étaient

1. Voir le livre de Valéry-Larbaud.

vaines. Jamais tant de choses belles et bonnes n'ont brillé à nos vitrines. Ces splendeurs elles-mêmes dont l'abus a été calculé pour toucher le cœur du nouveau riche, elles ne me fâchent pas toutes, leur richesse n'offense pas toujours la beauté. Voici des pyjamas pour le bourgeois gentilhomme : vous savez, *un galant déshabillé...* Il y en a onze pour lui. Le douzième est pour moi.

Hélas ! Il ne valait pas moins de deux cent soixante-quinze francs, comme si j'avais été Rothschild. Les chemises valaient trente francs, blanches, et vingt-quatre francs rayées. (Et si j'avais été capitaliste, ayant de l'argent libre, je faisais, sans le savoir, une affaire !) On y joignit douze cols, à deux francs cinquante centimes chacun, (dont j'ai regretté par la suite de n'avoir pas pris une grosse). La cravate : un petit foulard bleu à pois blancs, ci : huit francs cinquante ; un petit nœud carré de rien du tout, de soie noire à petit point rouge (un chef-d'œuvre ; il est vrai), ci : dix francs.

J'allai de là chez le tailleur. Je lui exposai que j'étais nu, que je n'avais plus rien à mettre (la phrase va passer du vocabulaire féminin au nôtre), qu'il me fallait certainement un habit, un complet bleu, un veston noir, avec un pantalon d'Oxford, que j'attendrais un peu pour un pardessus d'hiver, mais qu'il m'en fallait un pour la demi-saison, et un petit costume de voyage, peut-être en homespun.

Tandis que je parlais, je voyais le visage de mon interlocuteur passer de l'étonnement au respect. En outre, il m'examinait avec soin, jetant à la dérobée un coup d'œil sur mes manchettes, sur mes bottines. Il dit enfin, ayant pris un crayon et fait son calcul :

— L'usage est de nous laisser des arrhes. Votre commande s'élevant à deux mille cinq cents francs [1]...

Mais je l'interrompis. Je m'en tiendrais au complet bleu pour commencer, dis-je, pour faire l'expérience d'une coupe nouvelle. Et je me retrouvais dans la rue, perplexe, honteux, embarrassé de ma personne.

Ayant ainsi les yeux fixés à terre, je me vis aux pieds mes brodequins et pensai à me mettre en quête d'une chaussure plus civile. Hélas ! la seule qui me plût bien, une bonne forme commode mais d'un type français, il y fallait une petite fortune : cent soixante-dix francs. Je traversai la rue, je pris les bottines américaines que voilà, qui vont bien, qui ne sont pas des plus belles à voir...

Vous songez que je ne suis pas à plaindre, que j'ai mauvaise grâce à gémir. Mais lorsque mon pantalon sera devenu bossu, je serai pourtant malheureux... A coup sûr, l'existence de Dieu et les frontières de la Pologne ont une autre importance. Nous pourrions à la rigueur marcher sur la terre, vêtus d'un sac, nos reins sanglés d'une corde. Mais s'il est vrai que l'homme est le seul animal qui s'habille, l'élégance du costume

1. Idiot, qui ne le pris pas au mot

est louable. Elle est morale. Elle est l'un des ressorts qui maintiennent sa dignité à « l'homme blanc civilisé ». Vous me faites ressouvenir que la France, avant la guerre, devait une grande part de ses revenus à la couture, à la mode, au luxe, à l'attrait. Elle leur devait même, je crois, de n'être pas en déficit. Vous voyez que vous n'aviez pas lieu de rire.

Au terme de cette folle journée, j'entrai tristement dans un café et, pour me consoler de tant de désillusions, je voulus une glace. Nous étions deux. Nous payâmes huit francs. Et la *buona mancia*. Nous avions mangé deux gâteaux. En 1914, nous aurions dîné. Deux glaces, vous savez, banales.

Que veut-on que nous devenions, nous qui n'avons sous la main personne à détrousser ?

LE SUCRE ET LE FER

Il y a un an que j'ai été démobilisé. Un an déjà. Il y a un an que je me suis retrouvé dans Paris, étonné de m'y sentir dépaysé. Et je n'étais pas allé bien loin. Mais tel est le cœur de l'homme.. Figurez-vous que je ne me reconnaissais plus entre les lignes du Métro.

Depuis ce temps je n'ai pas cessé de considérer les mœurs et les visages, espérant chaque matin que les signes de l'abondance et du repos allaient reparaître. Mais je suis comme sœur Anne... Et je crains que la même attente fasse encore dans dix ou quinze ans le « sombre plaisir » du chroniqueur.

Regardez la tasse que vous tenez entre les mains : le café n'y est pas très bon. Vous avez vu sur ma table des verres déparcillés, l'idée ne m'est pas venue d'en rougir. J'en tirais en quelque sorte vanité. Le pain que l'on vous a servi, avez-vous remarqué qu'il grisonne ? Et lorsque je vous ai tendu le sucrier, vous êtes si discret que vous n'en avez voulu prendre qu'un seul morceau. Qui donc, en 1914, ne se fût pas fait un devoir d'en prendre deux ?

C'est donc où nous en sommes encore. Est-ce que vous avez essayé d'acheter une chemise ? Faites donc, si vous aimez à entendre parler des révolutions moscovites. L'on vous expliquera que la toile de lin venait surtout de Russie.

J'ai songé à me faire disciple de M. Raymond Duncan. Ses élèves de la rue Bonaparte sont vêtus à l'antique, ils vivent en tissant des tapis, des étoffes, et mangent des herbes. Une petite entrée dans le monde en petit *chiton* dorien, à moins que vous ne soyez, par malheur, gauche ou contrefait, qu'en dites vous ? Mais il faudrait que l'hiver vous missiez des bottines, n'est ce pas ? hautes, et sommées d'un motif en cuir ciselé. Lui, Duncan, laisse la neige brûler sa peau et la boue le salir. Cet Américain croit que les Grecs n'avaient pas de chaussure. Qu'est-ce qu'il a lu ?

Nous allons payer huit cents francs un costume, cent sous un faux col... Vive Duncan !

Si l'ordre, et l'abondance sa fille, ont encore en Europe des amis, ils peuvent maudire l'Allemagne, pour avoir forcé le monde à brûler dans la guerre toutes ses richesses. C'est elle, l'auteur de tous nos maux. Quand il meurt, à Vienne, à Budapest, à Munich même, un petit enfant affamé, il a été assassiné par les Prussiens, ces sauvages contrefacteurs de l'ordre, capables de nous étonner demain par la folie de leurs révolutions comme hier par la barbarie de leur discipline.

Les Prussiens dûment condamnés dans votre esprit, il reste à découvrir les autres coupables... Car l'Allemagne était vaincue, car la France était victorieuse. Vous ne me persuaderez pas qu'une meilleure administration de la paix n'aurait pas mis aujourd'hui deux morceaux de sucre dans votre café.

Les jeunes femmes à l'heure du thé prononcent avec calme des chiffres foudroyants, elles disent le prix de leur robe, celui de leur côtelette, sans manquer, pour si peu, de savoir-vivre. Au contraire. Puisque sans compter le plaisir d'étonner, en excitant d'aventure, l'envie, elles se donnent les gants d'un petit rôle de sociologue.

Moi, je gronde. Par amour-propre national, par coquetterie patriotique.

Le monde, dites-vous, a été bouleversé : il ne peut reprendre son équilibre en un jour. Sans doute. Mais en plus d'un an ? Et je ne parle pas du monde. Je parle du vainqueur. La France n'est pas pauvre ; elle n'est qu'endettée. Il n'y a pas de miracle qui soit impossible à l'ordre.

Je n'ai pas dans ma cave assez de charbon pour l'hiver. Le bois, le pétrole me sont mesurés. L'on est contraint d'empêcher de danser, ô Paul-Louis Courier ! Comme du temps des gothas, les gens grelottent dans leurs maisons froides, tout chargés d'oripeaux, où la fourrure épouse la loque. Si vous passez le soir place de la Concorde, vous avez pu voir comme le beau fleuve est chichement éclairé. J'ai rencontré là un soldat américain, des rares qui soient demeurés. Penché sur l'eau noire, il poursuivait quelque rêverie historique et romantique. J'en étais bien fâché. Je n'aimerais pas que Paris se mît à fournir aux étrangers des souvenirs de ville morte. Barbarie pour barbarie, je ne sais si je ne préférerais pas que le fermier kaki emportât dans son Arizona l'image d'un étincelant bastringue.

Si la France a ses poètes, ses musiciens, ses femmes, ses soldats, son blé, son vin, elle a du fer, elle a de l'eau. Sa force ruissellerait ! Le plus beau champ de fer du monde [1]. On nous oppose la politique du charbon. La nôtre sait-elle assez comme nous sommes riches ? Au lieu de pâtir et sommeiller ?

Je voudrais que la France se souvînt d'avoir été reine, et reprît sa couronne.

---

1. Cf. Léon Daudet. L'*Avant-Guerre*. Trois ans après Versailles, paroles de Thyssen (il est prince, on ne l'appelle pas *monsieur*) rapportées par M. de Gobart dans l'*Intransigeant* du 1er mars 1923 : « Maintenant qu'elle a repris l'Alsace, la France peut devenir le plus grand pays industriel du monde. »

— Un pessimisme comme le vôtre, Alceste, on l'aime. Il rebondit.

OÙ L'ON INVENTE LE COSTUME ANNONCÉ

L'on a vu promener fièrement au Bois en ce joli mai, des messieurs revêtus de la cotte bleue des travailleurs, et toute une troupe des mêmes hommes du monde va traverser Paris mêmement accoutrée. Ce sont des gens qui sont allés chez leur tailleur et sont partis, plus indignés qu'effrayés.

Seulement, leur protestation n'est que grimace et faux-semblant, parade mondaine, un moyen d'être nommé dans les journaux. C'est ce que je regrette.

Dans son voyage d'Italie, Taine observait avec admiration (et peut-être une nuance de dédain) qu'un jeune homme de la bourgeoisie italienne de son temps n'avait guère qu'un petit habit noir râpé. Comme il était un vrai philosophe, ce Taine, je veux dire un homme plaçant au-dessus de tout les choses de l'esprit, il entreprenait incontinent l'éloge du pauvre Italien, amateur de pensée et de poésie, fou de danse et de musique, même grande, artiste en un mot.

Or, je supporte mal une atroce pensée.

Une demi-douzaine de complets, deux pardessus, un habit, trois paires de bottines, une douzaine de chemises et deux de cols, voilà, sans rien exagérer, ce qu'il vous faut pour faire décemment figure « d'honnête homme ». (Je veux parler français). Faites un compte, inscrivez le total. Quel est celui d'entre nous, bourgeois de France, joignant des rentes modestes au fruit de son travail, qui sera d'humeur à mettre dix ou douze mille francs d'effets dans son armoire, — sans compter les cravates ?

Vous ne vous en souciez pas encore parce que vous vivez sur vos splendeurs de 1914. Cependant vous portez déjà des pantalons que vous auriez rejetés autrefois avec mépris. Et vous vous ingéniez de mille manières à prolonger la durée de la laine, de la toile et du coton.

Quoi que vous fassiez, sentez-vous que vous allez être réduit avant longtemps à l'unique habit de l'Italien de 1860 ? Au seul complet bleu, noir, ou, pour plus grande commodité, grisaille.

Alors, les beaux Anglais en voyage dans leurs vestons d'*homespun*, les Américains plus luxueux encore, et moins purs, viendront ici nous prendre en pitié. Ils admireront que, si pauvres, nous chantions si bien. En fumant de gros cigares, ils loueront notre artisterie. Est-ce que cette idée ne vous fait pas grincer des dents ?

Pour rire au nez de l'importun, faites comme je ferai.

UN PANTALON DE VELOURS NOIR, DES BOTTES, UNE BLOUSE DE SATINETTE, AVEC UNE CEINTURE, — ET QUAND LA BISE SERA REVENUE, AYEZ POUR MANTEAU LE CAPUCHON DE CHARLES PÉGUY.

Il vous en coûtera assez chaud, au prix où est le tabac, mais ce ne sera qu'une fois. Car le vêtement que je viens de dire, il nous servira à toutes fins, le jour et la nuit, à la ville et aux champs, au théâtre, à l'église, partout.

Sur la tète, le béret, naturellement, coiffure de pâtre et de gentilhomme.

Je vous conseille aussi de devenir un peu sauvage et de faire le cas échéant allusion aux sommes que l'on n'a pas rendues à Louis XVI.

LE VOYAGE D'ALGER

ou

LA MER EN 1920

I

Il y a certainement des personnes pour se figurer que la mer, ayant été semée d'engins, est restée dangereuse, de manière que sous la quille du paquebot quelque mine flottante peut frapper, vivre, et faire mourir.

Mais la cheminée du toit peut aussi vous tomber sur la tête. Et vous sortez. Prenez la mer du même cœur insouciant. Je ne consens même point que vous boudiez lorsque vous vous apercevrez, avant même d'avoir quitté le port, que la navigation est redevenue incommode.

Pour transporter sur les flots Votre Seigneurie, l'on a requis de vieux bateaux. Le matelot en fait cas, il les loue, il les nomme de « bons petits marins ». Passager ci-devant gorgé de nourriture et bercé dans la laine, vous ne vous trouvez pas si bien que dans les casinos flottants où vous vous prélassiez naguère. Habituez-vous donc à dater des cinq années de la guerre cruelle et de la paix décevante cette ère nouvelle où le même homme qui fait le fier sur la plaque du téléphone, il se peut que le pain lui soit compté par une administration dans l'embarras.

Au lieu de vous plaindre de la cabine exiguë, de l'étroite couchette, des cabines mal distribuées, et de la soupe, et du roulis, et du tangage, et du tonnerre de Zeus, ayez le bon goût de contempler sans façon, en même temps que la mer, tous les lieux communs, qui sont beaux, que la brise vous souffle au visage...

Toute hérissée par une houle qui semble privée de direction et soulevée uniquement par l'attrait de la lumière, la face des eaux est occupée à rire sans fin, à jouer. C'est la même mer qui vit errer Ulysse. Le pauvre homme tendait au vent les voiles de ses vaisseaux. Quand elles retombaient avec mollesse, entourant le mât comme une robe la belle jambe d'une danseuse lasse, le mari de Pénélope avait à fatiguer les eaux, et sur la longue rame pliante le corps de ses amis. Mais vous, nonchalamment couché dans une chaise longue, teinte de pourpre, vous suivez des yeux dans le ciel cette fumée dont la force

vous emporte. Ingrat, vous plaindrez-vous que
le pain soit gris, un peu ?

En outre, vous lisez l'un des beaux livres de
Rosny qui parlent des premiers âges du monde,
des premiers pas que l'homme, notre ancêtre, a
faits sur la terre. Chacun pouvait lui coûter la vie.
Ses armes les meilleures étaient le feu et le langage
articulé. C'est par elles, après qu'elles ont travaillé tant de siècles, que vous êtes si tranquille
quand vous voguez assis au centre de la nef,
au centre du monde, au centre de la circonférence
que votre regard décrit sur la sphère.

Voilà la plus grande beauté de la mer, que la
forme de la planète y paraisse dans une pureté
rigoureuse. A peine si la brume et la tempête en
peuvent un instant dérober la géométrie (que
les mots sont beaux ! Comme ils disent vrai !)
Selon la remarque de Charles Maurras, rien au
monde n'est mieux *fini* que « ce cercle, disait
Loti, ce cercle infini de la mer ».

Il se meut avec vous, vous y vivrez deux jours
loin de la terre perdue de vue. C'est actuellement
votre domaine... Si vous voulez savoir comme les
Anciens avaient raison de dire que le vaisseau
laboure la mer, vous n'avez qu'à pencher la tête :
vous verrez à votre tour la proue tranchante
ouvrir véritablement l'onde comme un sillon
et la rejeter de part et d'autre... Vous vous
figuriez peut-être que c'était un « bobard ».

Mais entre votre *plaid* et votre pipe, vous ne
voyez rien, sale iconoclaste ! Vous n'avez pas vu
cette mouette qui nous suit fidèlement, ayant

pris son vol entre les roches qui font à Marseille une ceinture noire et blanche tressée à sa robe verte. Ni cet oiseau perché qui n'a pas payé son voyage (et je vous brûle la cervelle, si vous l'effarouchez). Vous osez même vous plaindre de la solitude. Vous vous lamentez de n'avoir pas aperçu un navire... Peut-être voudriez-vous jouer au bridge ?

Les étoiles, elles-mêmes, vous verront bâiller, et ce soir la lune, demain le jeune soleil dans son chariot de nacre.

Aussi, je prie les dieux immortels que vous trouviez sur l'autre rive quelque noire maugrabine, et comme disent les Italiens, empestée, — au lieu de Nausicaa.

II

C'est parce que vous avez irrité les dieux, ô voyageur morose, les douze grands dieux, ou seulement l'un des innombrables génies qui peuplent le ciel et la terre, que la blanche Alger nous fait grise mine.

Vous avez beau cligner des yeux, vous avez beau manier ces jumelles perfectionnées qui vous donnent bel air, vous ne voyez rien qu'un vague dessin à travers le brillant rideau de la brume. Vous savez que la ville, à la contempler de loin, est comme peinte sur la muraille des montagnes, mais le tableau vous est aujourd'hui caché, comme le visage d'une Mauresque, si vous voulez mé passer cette image facile. Vous regretterez toute votre vie d'avoir manqué ce premier éblouissement, inoubliable, je vous jure. Ainsi, je serai payé de tant de dédains que vous avez prodigués aux flots qui virent naître Vénus. Car c'est elle-même qui répand dans l'espace la douceur que vous finirez par sentir. Et aujourd'hui, cette nuée vengeresse sur le versant des pentes, pour vous châtier.

Vous allez voir, mon ami. Vous avez quitté votre cabine de laque (embellissons), et pris sur l'acajou de la grande table un dernier porto (qui était peut-être un vermouth). L'amas des belles valises en peau de porc qui gît à vos pieds, vous vaudra la considération du maître d'hôtel et de celui que vous nommez dans votre langue le *liftier*. En attendant, livrez-les de bonne grâce aux voleurs qui prennent d'assaut le navire. Vous les voyez sauter adroitement sur leurs pieds nus aux ongles noirs. Ils ont le corps vêtu d'une gandourah de toile bleue, le chef couvert d'un turban jaune et rouge. Ils ont la bouche pleine de cris, le teint brûlé, la barbe rare, un œil terrible. Les pirates barbaresques, en vérité ! Eux-mêmes, et qui emportent votre bagage. Mais ne craignez rien, n'essayez pas de suivre d'un œil le grand sac triangulaire, de l'autre le rectangle du porte-habit. Ils ne se tromperont guère, ils ne feront pas de confusion. Vous pouvez confier à un troisième le bulletin de votre malle. Il n'est plus de felouque à se dandiner sur l'eau calme, pour abriter leurs rapines. Ils n'essaieront de vous voler qu'au moyen du langage articulé. Ils sont civils.

Laissez que je vous dise adieu. Cette voiture, dont la médiocrité vous arrache une moue, va vous emporter au luxueux palais qui vous attend. Vous allez passer votre smoking et retrouver sur le même damas glacé, les mêmes cristaux et la même nourriture. A peine si vous aurez entrevu les grandes arcades de la Marine et le bras de Mustapha embrassant la mer. Dans la noire solitude qui désole d'abord le voyageur, vous aurez une première soirée toute creuse, ou bien vous vous ferez mener au théâtre, pour y entendre une pièce de Tristan Bernard. A vos souhaits, et que les dieux vous bénissent, et Allah.

Cependant, j'aurai suivi mon bicot, succombant sous le faix. Je l'aurai précédé pour lui montrer le chemin. J'aurai dîné d'une omelette au piment et d'un couscous aromatisé. Et j'aurai revu les dames blanches d'Alger. Si dans les petites maisons de la colline arabe vivent des mauresques assez belles pour justifier les dithyrambes des orientalistes, il y a des siècles que des poètes de leur race ont célébré leur charme étranger. Je voudrais l'être, poète, pour louer dignement la beauté européenne : l'accent et la douce forme qu'a pris ici la femme du sang d'Europe.

Une heure agréable à passer, le long de la rue d'Isly. Vous êtes en France par la grâce du costume. Mais on a transporté, l'on a mêlé, pour vous séduire, les plus belles chairs de tous les

rivages méditerranéens. Il y a des Italiennes,
la déesse sculpturale, paisible et dorée du Gior-
gione, brune, et, blonde, du Titien, ou la maigre
petite furie aquiline aux yeux sombres. Il y a
des Espagnoles, reconnaissables à cet inimitable
mouvement de la hanche, dont parlent tant de
chansons. Ces autres blondes, plus blondes, où le
soleil a mis le feu, sont petites filles de l'Alsace.
Vous rencontrez à chaque pas des yeux d'un certain gris, tel que j'ai dû inventer, à l'usage des
beautés dont ils décorent le visage, le prénom
d'Algue. Et quand les divers caractères des races
se trouveront remêlés, quand ils seront fondus dans
le même vase précieux, dans un seul être féminin,
dans une même Française d'un type nouveau,
d'une essence toute jeune et toute rare, vous
entendrez chanter une musique inouïe, je pense.
Ou bien, je vous plaindrais.

Pour moi, j'y rêverai encore le soir, au-dessus
de la ville, au lieu où je sais que je vais monter
et qui, pour l'avouer tout de suite, est le plus
beau du monde. Imaginez un haut balcon suspendu
sur la mer, entre le ciel et l'eau, sur le golfe à
l'eau miroitante. Derrière moi, toute une misère
humaine, et devant moi, eh bien ! la fumée de
mon cigare, pour dire les choses simplement.

III

Je vous ai décrit les jolies personnes que la
rue d'Isly présente à vos regards, de cinq à

sept : ce sont les élégantes d'Alger. Et l'uniforme parisien, tout bien porté qu'il soit, sauf un certain air inassimilable, découvre la diversité des races, parfois le sang nouveau dont la France s'est enrichie.

Don Juan, s'il revivait, s'il venait ici, s'il établissait son quartier général entre la place Bugeaud et le square Bresson, Adam uniquement curieux d'Eve, le terrain de ses études suffirait à lui donner des notions ethnologiques exactes. Il pourrait ensuite généraliser sans errer, si les hasards de la vie le mettaient devant un sociologue, questionneur et vétilleux.

La France travaille sans cesse, et par son influence, par son rayonnement naturel, plutôt que par délibération, à modifier comme à leur insu tous les éléments allogènes. Alger est ville française. Les Espagnols d'origine, les fils d'Italiens peuvent y être nombreux ; ils reçoivent des Français de vieille souche, le ton, le rythme de la vie.

On trouve chez les confiseurs de Bab-el-Oued des gâteaux d'Espagne et chez les cordonniers du même quartier ces petites chaussures cambrées à talon trop haut dont nous savons, depuis Musset au moins, qu'elles chaussent uniquement un pied andalou. J'ai vu vendre en pleine place du Gouvernement certains beignets du matin qui tiennent une belle place dans mes souvenirs de Séville. Les restaurants servent couramment le riz à l'espagnole. Mais il faut se donner de la peine pour rencontrer, sur l'heure de midi, ce *cocido*, ou *puchero* [1], que je vous ai décrit.

L'exilé qui débarque au pied des escaliers de la Pêcherie n'a pas besoin, pour faire ses premiers pas dans la ville, de connaître un mot de notre langue. Un écriteau prévient son embarras, disant : « *Se habla español. — Se leen y se escriben cartas...* On lit, on écrit des lettres. » Après qu'il a expliqué son cas, il peut admirer la jolie mosquée à demi-souterraine et, sur la place encadrée d'une verdure taillée à la française, la statue équestre du duc d'Orléans, fils de Louis-Philippe.

Supposez que cet homme soit arrivé en Afrique voici quelque trente ans, au commencement de sa jeunesse. Bien qu'il parle couramment le français aujourd'hui, il est resté fidèle au pays natal, sans le désir d'y retourner (avec une syntaxe à lui, que les Français illettrés ont tendance à reproduire). Il a dans sa chambre le portrait d'Alphonse XIII, chromo-lithographie qu'il a achetée chez le marchand de cadres de la rue Bab-el-Oued. C'est près de la mosquée désaffectée, devenue Notre-Dame-des-Victoires, et il y a là un petit pâtissier de plein vent où il s'arrête, lorsqu'il a tout à fait envie d'un *mantecao...*

Mais son fils ? Le fils a fait la guerre, sous les trois couleurs. Il trouve que les histoires de son père sont vieilles, qu'elles parlent d'une excessive pauvreté, que les gâteaux d'Espagne sentent la poussière. C'est son avis, tel qu'il l'exprime quand vous l'interrogez habilement. A vrai dire, il ne

____

1. En français de 1828, *olla podrida*.

songe pas même à ces choses, il ne se fait pas de question. Il est Algérien, quoi ! Français, si vous voulez. Il épousera qui lui plaira, Carmen, Maria-ninna ou Marguerite.

La fusion des trois races n'est pas toute achevée pourtant. Dans le fleuve humain que portent les rues, elles demeurent reconnaissables. Cette moue de la bouche et l'épaule soudain haussée, voilà un dédain de Castille. Ce mouvement de la tête, le bras levé, les doigts de la main réunis à leur extrémité et ladite main à hauteur du visage, voilà le geste de l'interrogation italienne. Et voilà ce *Non*, silencieux, signifié par le menton levé, qui est méditerranéen, le même à Naples, à Malte, au Pirée. Vous pouvez voir à Alger quelque brave homme de sang alsacien faire *non* de cette manière, par mimétisme. Il est, avec tous les autres, brassé dans le van de l'histe...e.

Les Arabes voient durer le miracle sans s'ébaubir. Peut-être qu'ils se résignent, puisqu'ils en profitent. Ils ont vu s'élever entre la montagne et le rivage une grande ville européenne et sont restés impassibles. Ils se servent du *tramoué*, mais ils gardent sur la Casbah leurs maisonnettes, leurs petits métiers, leurs petites écoles. On les tutoie presque tous. On ne sait jamais leurs pensées.

IV

Eh ! bien, la grève a fait long feu qui devait tout emporter ; mais elle aura dérangé quantité de braves gens qui n'en pouvaient mais. Moi, par exemple.

J'étais en Alger. J'y avais vu, précédé de grandes imprécations couvertes, un Premier Mai tout pacifique et anodin. Les formules du socialisme international font une étrange impression au regard, quand il s'est reposé, sous les arcades de la rue Bab-Azoun, sur la jolie mauresque rousse qui « y tient son état »... L'expression est de Villon...

J'avais donc vu le cortège des manifestants passer, entre les tirailleurs, devant le square Bresson. J'étais appuyé contre la grille, un bouquet de palmiers dans les yeux, et le Théâtre au second plan, d'une belle couleur ocre, où les drapeaux rouges, un à un, venaient mettre au passage une harmonie imprévue, les deux tons de la bannière espagnole. Le soleil ne manquait pas, vous pensez, et j'étais bien aise de voir réunis à la fois, en un même point, tant d'ouvriers de l'autre France.

Ils chantent l'*Internationale* sur un air plus vif et moins pieux. Ils la savent mal ; à peine le refrain. Tous les Européens étaient coiffés de l'uniforme canotier de paille, et les Arabes, car il y en a, car ils chantaient aussi, car ils suivaient aussi le mauvais drapeau, les Arabes portaient naturellement, avec leur complet foncé, l'inévitable chéchia. Enfin, ils étaient tous endimanchés, ils ne paraissaient pas misérables, ils n'étaient pas en colère. Ils faisaient ce que prescrivait l'usage. Avant les réjouissances, la messe... Et la cérémonie terminée, quel fameux verre d'anisette, à savourer dans une ombre fraîche !

Nous ne sentîmes le malheur des temps que lorsqu'il fallut s'en aller.

Le départ du *Duc d'Aumale* avait été sagement retardé de vingt-quatre heures. Il y eut encore plus de monde que d'habitude pour voir le beau navire, tout en ponts légers et passerelles, bouger sur l'eau, évoluer dans le port, et prendre le large entre trois rubans de moire, un en poupe, deux à la proue. Mais ceux qui préférant Alger à Marseille, par la crainte d'y être retenus, ont laissé le *Duc d'Aumale* lever l'ancre, ils eurent un beau loisir pour regarder s'allonger leur nez.

Les inscrits maritimes avaient posé sac à terre en France. Plus rien ne reliait l'Algérie à l'autre rive, sinon quelques câbles au fond de l'eau, un fil. Plus de journaux, plus de lettres. La solitude du voyageur devient alors si parfaite qu'elle effraye. Elle permet de deviner les sentiments de l'exilé et jusqu'à ceux du vagabond.

La rigueur des citoyens à l'égard du nomade et du passant m'avait toujours paru cruellement inutile dans le nouvel univers. Je proclamerai désormais qu'elle est bien juste ou du moins nécessaire (ce qui, selon Pascal, revient au même). Car si j'étais, pour ma part et sans vanité, assez bien gardé contre le vertige de mon isolement, je me mettais en esprit dans la peau de quelqu'un qui n'aurait pas eu les mêmes garde-fous. J'imaginais que nous fussions ainsi dix mille errants sans feu ni lieu, et je plaignais la ville.

Qu'il faudrait peu de chose pour réduire à rien tout l'appareil de la civilisation ! Parce que la fumée des navires a cessé de porter son ombre sur la mer, des millions de francs vont être perdus qui sont le signe de millions de choses au service du genre humain. Un siècle bientôt que les Français ont débarqué là, entre la pointe Pescade et le cap Matifou, sur quelques rochers. L'immense va-et-vient sera-t-il interrompu ? La raison qui défend de trop craindre à la légère, commande aussi de haïr l'ignoble menace et l'insupportable gêne.

Nous fûmes trop heureux de quitter Alger au petit bonheur, à bord de l'*Itu*. C'était l'un des bateaux boches saisis par le Brésil. Venant de Constantinople, il faisait son dernier voyage sous le pavillon vert et jaune. Déjà bondé de passagers de classe, il n'avait voulu de nous que sur le pont... Nous y avons campé, encombrés d'abord, puis charmés des fauteuils pliants dont nous étions munis.

L'équipage nous vendait une tasse de café trois francs cinquante, cent soixante-quinze francs une bouteille de vin.

La mer était calme à défier tous les dieux conjurés, Vénus exceptée, plus puissante sur les navigateurs que Neptune en personne.

L'on ne savait pas trop ce que nous trouverions à Marseille, et l'instabilité de l'homme, avec la constance de la planète, faisaient un contraste dont on avait la cervelle un peu troublée. Des gendarmes contaient des aventures prosaïques qui s'étaient déroulées aux lieux les plus romanesques, Budapest, Constantinople. C'était au lever du jour qu'ils parlaient, apparemment insensibles aux longues nacres éveillées sur les flots.

Les eaux de Marseille sont toutes pleines de méduses. Mais le voyageur ne peut redire le quart des belles choses qu'il a vues. L'incertitude du siècle les multiplie. Elle multiplie le hasard, partant le bonheur, certains bonheurs, du moins.

LA GRIMACE DE L'ÉMEUTE

LE PREMIER JOUR DE LA RÉVOLUTION

J'ai vu passer le cortège qui célébrait la mémoire de Jaurès. C'est déjà une vieille histoire. Je me rappellerai toujours le brave homme qui, son parcours achevé, revint sur ses pas, se remit dans les rangs et recommença.

Ce véritable successeur du jongleur de Notre-Dame, l'excellente tête qu'il avait ! Ses menus yeux brillaient, bien qu'ils fussent bleus, la courbe de sa joue et la rondeur de son petit abdomen lui donnaient ensemble un même air de débonnaireté. Du nez minuscule tombait une grosse moustache à la gauloise. Et comme il criait, en outre ! Le chant de l'*Internationale* ne contentait pas son lyrisme. Il fallait qu'il y ajoutât des paroles improvisées, des imprécations, un discours personnel et sans cesse repris. Il disait que c'en était fini, que le peuple allait enfin briser sa chaîne, qu'on le verrait bien et, montrant le poing aux bourgeois logés dans l'avenue Henri-Martin, il les assignait à un mois.

Je songeais encore à lui, ce premier jour de la grève des cheminots [1], qu'il a dû prendre, une fois de plus, pour le premier de la Révolution. Les rêveurs qui jettent dans la politique une chimère aveugle et la suivent en lui tenant la queue ne voient plus qu'elle.

L'arrêt de tous les chemins de fer et l'arrêt gratuitement provoqué, absent tout intérêt professionnel, de telle façon que la volonté subversive, le devoir révolutionnaire parussent tout entraîner, il n'y avait certes pas matière à rire ! Aussi, je n'y songeais pas. Je me redisais qu'une obscure pensée poursuit son travail en trop de cervelles abusées et que de grands maux pourraient naître de là, un jour, une folle entreprise. Mais pas dimanche dernier, voilà, pas ce beau dimanche.

Le souci d'une lettre pressée m'avait mené, vers les deux heures après midi, à la gare d'Orsay, vide et sonore comme le dedans d'un tambour, puis à la gare d'Austerlitz. Des soldats bleus, baïonnette au canon, ou ça et là, debout, assis, se débrouillant.

Mon affaire faite, j'ai gagné le Louvre. Jamais plus beau soleil n'a brillé sur le Pont Neuf, entre le roi Henri IV et la petite maison rouge de Mme Rolland. Quelle occasion de courir aux deux pures fresques trop délaissées par la lumière de

---

1. Mars 1920.

l'hiver et d'y voir revivre le rouge, le vert, le violet des belles robes printanières ! Mais, dans le salon carré, qui regarde Antiope sommeiller, et dorer aux feux de l'espace son innocente beauté, une foule, la bonne foule dominicale qui a bien déjeuné, commence à effacer de mon esprit l'image des deux gares désertes, silencieuses et gardées.

Y aurait-il tant de monde au Louvre le premier jour de la Révolution ? Eh bien ! (je ne suis pas béat) je m'avisai que si, je me ressouvins des Dieux altérés d'Anatole France, je me représentai que les événements de l'histoire se font en un lieu, en un moment, sans que les nations ni même tout le peuple d'une ville, soient là à faire cercle, et enfin, qu'une révolution pouvait déferler à un quart de lieue et nous, bavards, continuer à béer de bonheur devant l'Embarquement pour Cythère, le portrait de Delacroix ou les diamants de la couronne.

Je gagnai les Tuileries. Je suppose que vous savez ce qu'on découvre à quelques pas de l'arc du Carrousel : la plus belle perspective du monde, terminée à l'arche immense de l'Étoile, où la couleur du ciel, cernée au compas de l'homme, est à délirer. Là, comme un fleuve, paisible comme lui, coulait une seconde foule, gentille, bavarde, égayée d'enfants. Enfin, eussent-ils été si calmes, les visages, si détendus et si clairs, cependant qu'une révolution... Je crois que j'aurais fini par leur reprocher leur sérénité, comme peu convenable à des Français de 1920, si je ne m'étais souvenu qu'une excessive prévision n'est pas le légitime fardeau du peuple. Demandez-lui seulement le reflet de l'heure prochaine.

C'est ce que j'ai fait jusqu'au soir. Pour vous épargner un plus long détail, sachez que j'ai admiré une troisième foule, aussi quiète et heureuse, et même une quatrième : cette dernière, sur le tard, dans un cinéma, où je n'étais venu la chercher que par conscience et scrupule d'observateur. En fait, j'étais fixé. Je l'étais décidément depuis le crépuscule, où j'avais vu revenir d'Auteuil et du bois, rempli d'une première odeur d'avril, de longues files chantantes... Les cafés avaient été pris d'assaut, et les deux pâtisseries, et tous les marchands de vin. Chez mon boulanger, il ne restait que deux gâteaux.

Si j'avais connu le brave homme dont je vous parlais en commençant, je les eusse volontiers portés chez lui. Il ne se fût point fâché. Il m'aurait offert un verre, en rêvant aux premiers lilas.

LA GRÈVE ET LE PRINTEMPS

Je ne veux pas croire que des promeneurs, mes pareils, ensanglantent leurs mains dans la guerre civile.

— Pour un pessimiste !

— Attention ! Lorsque les grands de ce monde sont devenus si puérils que d'en vouloir régler le train en quatorze articles dactylographiés, leur action paraît si téméraire qu'elle ne peut rencontrer le droit fil des choses. L'Europe a chance désormais de ressembler toute entière à ces vieux Balkans. Je ne parle en souriant que du moment présent, du beau soleil, si vous voulez.

Paris a-t-il perdu l'habitude d'en jouir ? Au bois, dans les cafés de la Porte Maillot, dans les vastes Champs-Élysées, regardez les visages. La guerre y a marqué des plis, peut-être ineffaçables. Ils ne sont pas encore apaisés. Si les dieux se révélaient encore, nous verrions Vénus et Mercure au milieu du peuple, et Minerve encore, gardienne des cités, mais pensive et regardant au loin le cœur de ses soucis.

— Pour un optimiste !

— Je vois chacun se défier du prochain, et je trouve cette défiance justifiée et abominable. Le pouvoir assez fort pour devenir un arbitre écouté, nul ne l'aperçoit. On se hâte donc d'affirmer tout son « droit », par la force ou la menace de la force. Cette rigueur des âmes contraste avec le doux rire du ciel.

Mais ce ciel, regardez-le, regardez Apollon en personne, comme ont fait les braves gens en grève. A le voir si calme, imaginez les bons conseils qu'il leur a donnés.

Il les considérait, tandis que traversant Paris si curieusement embelli par le silence, ils allaient au rendez-vous de l'émeute. C'était au carrefour de la ville et des champs, où la pierre se marie à l'herbe. En plein air, où les orateurs sentaient faiblir le son de leur voix et devaient comparer leur humaine débilité à l'immense étendue.

Je les connais bien, pour avoir vécu quatre années dans leur société. Je sais comme ils sont cordiaux et gentils, mais comme un petit nombre de méchants et de fous les peuvent égarer. Ils ne veulent, au fond, qu'une seule chose, qui est de mieux vivre, et ne suivent guère les directions d'un parti politique que parce que dans le jeu des partis celui-là a fait mine de prendre à cœur les intérêts de l'ouvrier. Vous n'imaginez pas quelle attitude boudeuse et renfrognée est au milieu du peuple au travail dans ses ateliers, celle du véritable utopiste. Il fait la tête de l'incompris et il en a bien sujet. Il sait à quels mensonges il est contraint d'avoir recours, il sait comme il est obligé de faire artificieusement engrener les commandements de sa chimère et les justes soucis dont les compagnons sont occupés. Ah ! je ne dis pas que ceux-ci démêlent son jeu. Je dis qu'ils ne sont pas comme lui possédés par la haine ou l'illusion.

A la procession en souvenir de Jaurès, quelque chose frappait l'observateur, qui était que derrière chaque drapeau rouge, lorsque le chant de l'*Internationale* s'élevait, le plus grand nombre se taisait. L'un des gars qui accrochèrent leur croix de guerre à la pourpre du socle le fit en criant : « Vive la France ! » Il fut surpris quand on lui dit que non, qu'il ne fallait pas acclamer la patrie.

J'ai repensé à ce brave, l'autre soir, en voyant sous le plafond de ciment du Métropolitain, à la station de l'Opéra, dormir les soldats. Ils avaient étendu leurs couvertures sur « la froide terre », où leurs formes allongées faisaient ressouvenir les civils qu'un lit et tout l'appareil de la civilisation sont choses de surcroît : véritables conquêtes faites par l'homme d'abord dénué de tout entre le sol et les astres. L'on était heureux que du moins ils ne souffrissent plus du froid des tranchées, ni du péril que la guerre suspendait même sur leur sommeil, plus heureux de se dire qu'ils n'auraient pas à défendre par les armes cet ordre dont leur troupe reposée donnait l'exemple. Dans le cadre de l'entrée, ce même ciel de printemps reparaissait, fidèle comme un refrain...

— Entendez vous le bruit du tramway ?

— C'est celui de la Madeleine.

VOLONTAIRE DU TRAVAIL

Mon ami Jérôme a vingt-cinq ans. Ce n'est pas Hercule, mais la vraie force est dans le cœur. Il est revenu de la guerre (classe 14) avec la petite croix de bronze et une ficelle. Après avoir commandé à des hommes, il s'est remis à l'école, comme un enfant.

Vous l'avez certainement rencontré, ou si ce n'est lui, c'est donc son frère. Calme, réfléchi, fumant à peine, poli, d'une élégance sans tapage. Ingénieur en herbe, toute la descriptive et l'analytique qu'il sait ne l'empêcheront pas de danser, à l'occasion, comme il en a bien le droit, ayant combattu. Les cheveux rejetés en arrière, un regard assuré, un fin visage honnête. La bourgeoisie française, si vainement décriée, n'a peut-être pas fini de faire voir au monde ce qu'elle vaut.

Lorsque la grève éclata, au 1er mai 1920, Jérôme voulut partir, volontaire du travail, avec un vieux complet et une cote bleue dans sa valise. A son retour, au bout d'une quinzaine, je l'ai fait parler.

Il a travaillé comme cheminot. Ils sont arrivés, plusieurs, dans une grande ville du Midi. L'on n'avait pas besoin d'eux à la gare des voyageurs. On les dirigea sur la gare de triage, à cinquante kilomètres de là, en un lieu perdu.

Ils montaient, deux sur une machine, chauffant ou conduisant tour à tour. Le soleil sur la tête, devant soi « l'ardeur du charbon », comme parle Baudelaire. Lorsqu'ils avaient soif, et c'était souvent, ils penchaient la tête sous les robinets du tender pour inonder leur visage en sueur et rincer leur bouche desséchée. Ils n'emportaient pas à boire dans une bouteille qui aurait trop « chauffé », tandis que, dans le réservoir, l'eau reste presque fraîche en raison de sa masse. Ils travaillaient dix et onze heures par jour. Les cinq machines, en tout, qu'ils faisaient aller et venir sur les voies rendaient autant de travail que dix en temps ordinaire.

— Nous avons su que plus d'un mécanicien gréviste et plus d'un chauffeur, révolutionnaires décidés pourtant, avaient le cœur gros de voir *leur* machine entre des mains étrangères. Un mécanicien a sa locomotive attitrée : il y est maître comme un capitaine de marine à son bord, le chauffeur obéit militairement.

Silence. Jérôme rêve sur cette collaboration des hommes, par laquelle tout marche, la lumière dans les maisons et, traversant la vallée, le train qui siffle. Ce ne sont pas des miracles, ou bien c'est celui de la volonté et de l'effort. Il dit aussi qu'à l'arrivée des Parisiens, les chômeurs se gaussaient de leurs mains blanches, mais qu'on cessa bientôt de ricaner. Quant aux ouvriers qui n'avaient pas interrompu leur travail, ils reçurent les volontaires en camarades. Attendez ! vous allez savoir pourquoi. A travers toutes les différences, ouvriers et jeunes bourgeois se sentaient mécaniciens, tous techniciens, liés au même métier du fer animé, sachant une même langue interdite aux profanes. Mais surtout, ceux qui refusaient de chômer, pour la plupart, étaient aussi des combattants. Ils *avaient fait la guerre,* ne voulaient point que ce fût en vain.

— Ce qui revenait dans leurs propos, c'était l'idée de la France. Ils n'admettaient pas, qu'en des heures encore difficiles, des intérêts particuliers, d'ailleurs mal définis, fussent dressés contre l'avantage commun. Une autre idée qui les occupait sans cesse : l'horreur des *soviets.*

Ils savaient que les comités de grève avaient arrêté des listes, que les chefs compétents seraient destitués, qu'un sous-chef de dépôt, les révolutionnaires daignant ne pas l'immoler, serait nommé par eux chef lampiste. Or, les non-grévistes, groupés dans les syndicats indépendants, c'est une élite. Ceux qui n'ont pas chômé ne sont pas seulement les plus scrupuleux, *ce sont les plus instruits*. Les meilleurs : il n'y a qu'à les voir.

— Vous me demandez si je m'ennuyais, dit encore Jérôme, en achevant son témoignage. Ma foi, non ! J'apprenais trop de choses... Nous couchions dans un dortoir. Nous étions nourris solidement. Fatigués comme nous l'étions, nous dévorions. Une bonne vie de caserne.

Se gardant de passer des faits au commentaire, l'*étudiant* a déjà remis le nez dans ses livres. Je pensais à toutes les bonnes volontés, à toutes les bonnes raisons, qui sauvent à chaque instant le genre humain de la mort et du désert.

BOLCHÉVISME MONDAIN

Le jeune Valère agace. Il est ami de l'Allemagne et ne s'en doute presque pas. Il se croit impartial.

Je l'ai surpris l'autre jour qui tenait dans ses mains grand' ouvert un numéro d'*Excelsior*. Il admirait, à la première page, les photographies qui montraient ce que furent, à la veille d'un grand jour, les manifestations de l'école des cadets et de l'école des sous-officiers.

On devait les licencier l'une et l'autre. Les Allemands prirent occasion de ce départ pour monter à grand éclat une démonstration de fidélité à leur armée malheureuse. Dans la cour des deux établissements, revue et défilé au pas de parade, les élèves revêtus de l'ancienne tenue. Leurs anciens étaient venus en foule. Au milieu d'eux, Ludendorff et le vieil Hindenburg. Les vétérans étaient formés en cortège, les médailles battant sur la redingote, le chapeau *haut de forme* sur la tête... Le lendemain de ces fêtes, données en hors-d'œuvre, les troupes occupaient le Tiergarten.

Revenons à Valère. Je vous ai dit qu'il était béant devant cette demi-douzaine d'images. Son regard eut même une lueur qui faisait peine à voir. Il me désigna un escogriffe tout roide et ajusté dans un manteau clair : ce qui, sous le petit casque à paratonnerre, lui faisait toute noire la trogne qu'il avait rogue et rasée. Et mon Valère : « Il faut avouer, disait-il, qu'ils ont un bon chic militaire ». Je lui représentai que ce mélange de grimace anglo-américaine, de brutalité visigothe et de gentilhommerie affectée me laissait parfaitement froid.

Mais il voulait que je me récriasse du moins devant les civils, à cause de l'uniformité de leur habit et de leur coiffure. « Hélas ! faisait-il avec une allégresse, triste à dissimuler, il faut reconnaître que c'est un peuple ! »

Le même Valère, un autre jour, se trouvait dans une société où l'on aime toute musique qui est bonne. L'on y joue Bach, Beethoven et même Wagner, sans y songer, avec bonhomie. Mais Valère, lorsque s'élevèrent les premières notes (*Plus d'hiver, déjà le printemps commence...*), de s'écrier avec une sorte de rire nerveux : « Ah ! Wagner ! » Je regardai mon pèlerin, il se prit à rougir :

— Que nous dites-vous là, Alceste ? Valère est connu partout comme révolutionnaire. Ce tendre jeune homme, bien habillé, demi-végétarien et fou de gymnastique rythmique, passe pour le meilleur ami que les terroristes russes aient dans les salons de Paris. Je lui ai dit cent fois que j'aimerais, si elle ne devait tout ruiner, que la révolution éclatât chez nous, pour l'y voir, un balai à la main, gagner sa vie à la sueur de son joli front bouclé. Alors, il ricane avec un air de mépris. Ce même Valère que chez nous tout dégoûte, qui ne peut parler des Italiens qu'en haussant les épaules, des Roumains qu'avec un regard de pitié, et qui a même cessé complètement de louer ces Anglais tant admirés par lui avant la guerre, vous croyez qu'il aime l'Allemagne et les Allemands ?

— Il veut la révolution dans tous les pays du monde, sauf là, feignant de croire qu'elle y ait eu lieu. Il proteste à chaque instant que la Rhénanie est attachée à la Prusse comme l'ongle à la chair, et qu'il le sait bien. Il a l'air de croire que l'unité allemande soit quelque ouvrage parfait où se reconnaisse la main de la divinité. Il n'y a pas de question dans l'univers où il ne prenne plus ou moins insidieusement le parti même qu'il prendrait s'il était né Prussien. Je vous répète que les petites trahisons qu'il multiplie à plaisir sont à peu près inconscientes. Il est enivré. Il est intoxiqué. Il est fou. Ce n'est pas Valère que nous le devrions nommer, mais Eitel ou Friedrich. Tout son bolchévisme n'est que germanophilie. Pour savoir comment cela s'est pu faire, il faudrait analyser un courant d'idées dont on trouverait le principe dans certaines lettres de Voltaire, qui alluma des lampions à Paris au lendemain de Sadova, et qui a eu pour dernière et dérisoire conséquence, Guillaume *regnante*, de faire crier aux anarchistes : « Vive l'Allemagne ! »

Valère ressemble aussi à quelque vicieuse petite fille, dans une ville assiégée, qui se représenterait la ruée des envahisseurs en imaginant un affreux plaisir. Si la France était encore une fois menacée, il faudrait fusiller Valère. Pour l'instant, je ris dès qu'il parle, je me rigolle.

CONFORMISME SOCIALISTE

Le Français le plus indifférent aux divisions politiques connaît que le socialisme s'est mis en trois morceaux. Les plus passionnés, ou les plus aveugles, ont résolu d'obéir au commandement des agitateurs russes. Les autres ont déclaré qu'ils n'acceptaient cette dictature, non plus que nulle autre. Un tiers parti s'est tristement détaché pour affirmer sa modération. Au fond, sous les diverses apparences, qui n'est pas *Russe* est encore *Allemand.* Ceux qui restent ou redeviennent *Français,* c'est avec une sorte de timidité et comme en s'excusant. Mais, quittant cette politique enchevêtrée, il faut en venir à mon métier de chroniqueur.

Le grand journal du parti, l'*Humanité,* est resté aux mains des *Russes* forcenés, et les autres de protester à grand éclat, je dis les autres furieux, car pour les modérés, ils ont bien appris à se laisser brimer. Les *Russes* font la loi dans la maison de Jaurès. Ils y règnent. Ils l'administrent.

C'est au nom du « Parti socialiste » ou de la fraction du parti socialiste désignée par les quatre initiales : S. F. I. C. L'autre fraction furieuse du même ci-devant « Parti socialiste » est désignée par quatre initiales aussi : S. F. I. O. La différence n'est que d'une lettre : C ou bien O. Ceux qui se rangent sous le signe de la première ne sont pas disposés à souffrir le voisinage des autres, et de leur impiété.

Il y avait de ces hérétiques à l'*Humanité.* Il n'y en aura plus désormais. On les a bannis.

Mais une administration socialiste ne renvoie pas les gens à la brutale manière bourgeoise. Elle « notifie la cessation de leurs fonctions ». Les appelle pour commencer : « Cher citoyen ». Leur adresse, pour finir, ses « salutations socialistes ». Ce n'est pas tout. Lorsqu'il a congédié des subordonnés, sans de bonnes raisons professionnelles, un vilain patron ne se soucie guère de les fâcher ou non. Une administration socialiste, à la bonne heure ! Elle exprime le vœu que « ces circonstances n'altèrent pas les relations cordiales existant entre eux et le journal ».

On dit qu'ils comptent de dix à seize ans de service. Vous savez ce que peut être le socialisme du peuple ouvrier de Paris : parfois la noire et misérable envie d'une âme sans lumière, le plus souvent la belle flamme d'une générosité égarée, l'appétit d'un monde meilleur, moins dur au genre humain : une véritable charité. Je m'imagine comme cela l'un de ces hommes de l'*Humanité*. Il est entré au journal socialiste, il y a longtemps. A voir les choses et les gens, peut-être a-t-il gagné certain scepticisme allègre ou morose, selon son tempérament. Sous cette fleur perdue dans les détours du sérail, un sentiment pouvait demeurer intact, l'âme du socialisme abusée, bonne et allante. Les sauvages russophiles l'ont assez blessée, je pense, pour que quelques-unes de leurs victimes entrevoient la première de toutes les terrestres vérités, à savoir que le cœur humain sera toujours pareil à lui-même, intolérant et tyrannique, mesquin, vil, et même féroce. Cette découverte peut mener un esprit fier du dépit au désespoir, c'est-à-dire à l'anarchie. Elle peut aussi ouvrir la porte à la sagesse : elle enseigne que le désordre et la révolte accroissant l'injustice, aucun progrès moral n'a jamais amélioré le monde, sinon de temps en temps et par en haut.

IMAGES
DE LA RÉVOLUTION RUSSE

> Si les eaux de la Volga pouvaient rebrousser chemin
> Si toutes les femmes étaient de jeunes veuves...
> Si l'affamé était nourri ..
>
> *(Chant russe antérieur à la guerre,
> musique d'Echesnokov, paroles
> d'Alexis Tolstoï).*

GRANDEUR ET MISÈRE DE L'HOMME

Souhaitons que la guerre soit dite par ceux qui l'ont faite : un Louis Thomas, un Antoine Redier, un André Fribourg, un Massis, un Dorgelès, un Mac Orlan, un Blaise Cendrars, et ce héros, Franconi, et tous ceux dont on ne sait pas encore le nom. Les quatre ans et demi qu'ils ont passés dans cet enfer, tour à tour éclatant et monotone, le genre humain a besoin d'en connaître les instants et les phases. Nous attendons, la postérité plus que nous, qu'ils rendent sensibles la forme, l'odeur du combat, jusqu'au moindre détail, un cheval mort au bord d'une route, un char d'assaut renversé, les quatre fers en l'air, ou cet orage qui naît dans le cœur de l'homme au moment de tuer, et cette sueur qui lui tombe du front.

L'un de ces combattants, M. Georges Delaquys, désire que la guerre demeure entre eux, « comme une espèce d'initiation, immense et beau secret, incommunicable aux autres humains, et dont un simple regard, un sourire, une expression de visage suffiront à révéler d'âme en âme l'indéfinissable présence. » Mais on supplie les combattants de s'en souvenir. Les civils n'étaient pas tous des lâches ou des ingrats, il y en a qui sont dignes de les entendre. Quand les soldats auront achevé de parler, nous posséderons une table incomparable de la grandeur morale.

Qui n'apportera pas cependant une révélation inconnue, je ne sais quel Sinaï. La guerre horrible n'est nouvelle au genre humain que par ses dimensions : le nombre des combattants, l'espace couvert par les armées ; hélas ! la quantité des morts. Elle n'est inexplicable qu'aux yeux de l'innocent qui n'avait jamais pensé, entre 1880 et 1914, aux anciens âges du monde, où nous ramenait par force la théorie et la pratique de la nation armée.

Trop de nos contemporains ne voyaient dans les annales de l'humanité, dans la guerre de Troie ou dans la Jacquerie, que des fables à peine croyables. Le XIXᵉ siècle avait ouvert des torrents de sang sur les deux hémisphères. En vain ! Penchés sur la plaque du téléphone, calés dans leur voiture automobile, les faux sages riaient de la guerre éventuelle comme d'un conte de nourrice. Ils ne savaient plus, ils ne sentaient plus que l'ordre et la paix fussent entre les hommes comme un miracle fragile... J'imagine que le seul amour-propre (selon La Rochefoucauld) les sauve à présent du tourment de leur souvenir : ils se préparent à oublier.

*
* *

Je sais, pour eux, une terrible histoire, dite par un document que les journaux ont publié. C'est le rapport officiel de l'armée Denikine sur la mort du général Korniloff. On voudrait lire ce texte à quiconque révèle par un optimisme béat (ou par un pessimisme abstrait) son ignorance du cœur humain.

Le général Korniloff a été tué le 31 mars 1918, sous les murs d'Ekaterinodar. Emmené à 40 verstes de là, il était inhumé avec le colonel Nyentseff, à Gnadau, dont l'armée rouge s'empara dès le lendemain.

Les soldats du régiment révolutionnaire de Temriouk découvrirent les « deux tombes fraîches », dans les deux cercueils en bois de pin ils découvrirent les deux corps. Ils enlevèrent les insignes de général en chef au cadavre qui en était orné et, ne lui ayant laissé que sa chemise, ils le ramenèrent dans une charrette à Ekaterinodar.

Les chefs rouges y demeuraient : Zolotareff, Sorikine, qui se disputaient l'honneur de la prise.

L'un des deux était ivre. Ils habitaient à l'hôtel Goubkine, sur la place de la Cathédrale. La charrette entre dans la cour de l'hôtel, les soldats en retirent le corps du général et le jettent bas.

Discours au balcon.

En écoutant les belles paroles, on dépouille le cadavre du dernier lambeau qui le couvrît.

Malgré toutes les différences, je suppose que vous pensez à la fin de Mme de Lamballe, à celle de Jean et de Corneille de Witt. Mais ni Mme de Lamballe ni les frères de Witt ne furent *photographiés* comme le cadavre du général Korniloff. Le progrès !

La foule demande ensuite que le cadavre soit pendu au balcon, ou mieux encore à un arbre, « pour ne pas salir le balcon ». On le pendit à un arbre. La corde rompit.

Cependant des doutes s'étant élevés, un représentant des soviets croyait devoir affirmer que c'était bien là Korniloff.

— Il avait une dent en or. Regardez et voyez !

On regarda, pour voir, l'on desserra avec la main la triste mâchoire. D'ailleurs, on avait trouvé sa tombe *couverte de fleurs*. « On n'en fait pas tant pour les simples soldats. » Comment douter encore ? « Deux heures durant, la foule se divertit. » Elle cria, chanta et dansa, en bafouant le mort.

Enfin, l'ordre vint d'emporter le cadavre et de le brûler. Il était méconnaissable : une masse informe et souillée. Des hommes sautaient encore sur la charrette en marche et plongeaient leur sabre dans la chair. On lançait des pierres et des mottes de terre. Les chants remplissaient l'air.

C'est aux abattoirs de la ville que le corps fut brûlé devant les autorités. Tandis que montait la flamme, des soldats rouges avec leur baïonnette piquaient le rôti. On dansa le lendemain sur le foyer.

J'ai gardé pour la fin le plus beau.

Quand on pendit le cadavre, (vous savez, à l'arbre plutôt qu'au balcon) un instant après que la chemise du généralissime et du vainqueur eût été lacérée et jetée aux quatre vents, vous imaginez facilement que, le corps apparaissant au-dessus des têtes, il y eut un moment de stupeur, d'effroi sacré. Dans le silence, on entendit la voix d'un petit garçon. Il disait :

— *Oh ! tante, qu'il est nu !*

Je sais bien qui n'aurait jamais fini de nourrir sa rêverie d'un cri pareil, s'il avait pu l'entendre. C'est Moréas, sensible à l'accent de Shakespeare, à la tragédie grecque, à toute voix de l'âme humaine assiégée. Mais si nous n'avons pas la mémoire, la spontanéité, la constance des poètes, fixons une seconde notre attention : pour mesurer d'un regard la misère de l'homme.

LES SOULIERS DU BOLCHÉVIQUE

La Pologne a peut-être sauvé l'Europe, avec sa faible armée régulière, ses bataillons de femmes, ses paysans armés de faux, son doux M. Paderevski, aux longs cheveux. En aidant la Pologne à rejeter les nouveaux barbares, la France a fait quelque chose qui porte sa marque.

Quel temps que notre temps ! Nos pères magnanimes, lorsqu'ils montaient dans les premières voitures mécaniques, et qu'ils nourrissaient toutes sortes d'illusions, relatives à l'établissement d'une paix universelle par le progrès des sciences, n'auraient pas imaginé cette Europe en feu. Les plus noires prophéties semblent pâles. Tout l'Orient de l'ancien monde est dévoré. Des bandes armées y promènent des mitrailleuses et des canons à tir rapide. Elles se servent de voitures sans chevaux, de la télégraphie sans fil, de tout l'appareil matériel de la civilisation ; et réduites à vivre de rien, vêtues de lambeaux, elles sont errantes, vagabondes, affamées, pareilles à des tribus sauvages. Si vous avez l'imagination historique, vous resongez aux grandes invasions : c'était cette sanglante poussière.

Nos journaux ont publié un grand nombre d'images pour nous permettre d'entrevoir le pandemonium. L'une d'elles m'a jeté dans une longue rêverie. Je demande à dire quelle espèce de rêverie.

Contre le poteau frontière de Protsken, dans ce territoire que M. Wilson et le récent plébiscite ont donné à l'Allemagne, des soldats allemands ont rencontré des soldats rouges. Sur l'image rapportée de cette rencontre, les Boches sont deux ; ils appartiennent à la *Sicherheitswehr*, ils sont chaudement habillés, casquette, vareuse, des insignes. L'un d'eux est un petit pète-sec à tête mongoloïde qui garde un air digne : cette face impénétrable des vrais chefs ; et l'autre, dans sa trogne massive, jusque dans la moue de ses lèvres, manifeste un calme mépris. La même dédaigneuse expression se lit sur le visage d'un autre Boche, civil celui-là, accoudé, lui aussi, sur la poutre qui les sépare tous de la bête curieuse, du bolchévique.

Le pauvre bougre de bolchévique ! Il est petit, d'abord, tout petit ; les Allemands sont à leur aise pour le considérer de haut. Il a une molle casquette de laine enfoncée sur les oreilles, un énorme veston, un pantalon de velours. Nous savons que c'est un soldat parce qu'on nous le dit, et parce qu'il porte, accroché par la bretelle à son épaule gauche, un fusil plus grand que lui. Mais il a l'air d'un braconnier timide, d'un vieux bricoleur, à demi-vagabond, qu'on embaucherait par charité. Je regarde le profil, sa petite barbe, son nez bénin. Dire que ce pauvre type a peut-être égorgé des gens, dont il aura quelque jour, s'il ne passe lui-même prématurément, plus de surprise encore que de contrition ! Le maigre loup ! Quelle mouche l'a piqué ? Pourquoi s'est-il jeté dans les aventures ? Qu'est-ce donc qui l'a mis en route ?

Eh ! bien, regardez ses pieds. Il s'est engagé, il a risqué sa vie, il a fait la guerre à la Pologne, il la ferait au mont Olympe : c'était pour avoir les beaux souliers que vous voyez. Depuis le temps que la révolution durait, il était déchaux. L'armée rouge l'a muni. Il n'est pas allé chercher midi à quatorze heures. Entre tous les avantages substantiels que le soviet, générateur de misère, lui assurait en le prenant soldat, une soupe chaude, des vêtements étoffés, rien ne l'a séduit comme cela : des croquenots à la hauteur !

Si vous en doutez, vous n'avez jamais vu un vieux pauvre boîter dans ses souliers de hasard.

Je conclurai, comme Ésope. Cette histoire prouve que Lénine et Trotzky connaissent le cœur des hommes et la force du besoin. Donc, que ce ne sont pas des rêveurs, mais des furieux, pressés de venger sur le genre humain l'échec et l'aigreur de leur vie. Puis, que l'ordre est nécessaire pour empêcher un pauvre homme de faire ce que l'enfer voudra pour être chaussé. Et enfin, que le susdit Ordre fera sagement d'être en tous lieux bon cordonnier.

LES FIGURES ANONYMES

Taine, assurément, quel grand monsieur ! Ses théories, ses généralisations, il n'en est plus une seule que nous acceptions tout à fait, mais non plus il n'en est peut-être pas une qui ne garde à jamais une parcelle irréductible, une âme de vérité. Je vous conseille de relire ses *Origines* si vous voulez comprendre le bolchévisme.

Russe ou française, la révolution n'a pu gagner en un moment tous les cœurs. Elle s'est servie d'un assez petit nombre d'agents et, fournissant des chefs à l'émeute, elle a frappé de stupeur et de terreur la foule. Alors, se maintenant avec rage par un perpétuel coup d'État, elle a rallié à elle l'immense troupeau humain, indécis, timide, et courant au berger. Pour recruteur et auxiliaire, la plus fameuse propagandiste qui soit au monde : la nécessité, avec son autre nom moins pompeux, la vie quotidienne...

J'ai là, sous les yeux, tandis que je ratiocine, l'image d'un grand officier de cosaques prisonnier des Polonais. Tandis qu'à quelques pas un soldat russe en casquette, vrai et pur révolutionnaire, se rit de lui, il marche à grands pas, *les mains sur le visage.*

Il se dérobe à la curiosité, il a honte, il se voile la face. Il n'a pas voulu que le regard d'un ami le reconnût... On rêve qu'il avait une femme à sa charge, des enfants, ou que lui-même fut un jour las de pâtir, d'avoir faim, ou que le drapeau rouge haïssable lui a paru dans un moment de désespoir le dernier refuge de la Russie en armes contre l'étranger. Son cas nous est-il nouveau ? Ce Caucasien dans sa lévite sombre ressemble comme un frère à M. de Sourdis (dans l'*Espionne impériale* d'Hugues Rebell), officier de la garde en 1870, que la rage de la défaite et la pauvreté de sa maîtresse mirent dans les rangs des fédérés.

Les petites gens ont moins de vergogne. Qui les connaît ? Prisonniers d'un ennemi slave, ils rient au photographe, paysans heureux d'avoir échappé à la guerre et d'avoir du pain. L'un de ces captifs est un enfant. Comme des souliers au vieux bonhomme dont je parlais tantôt, la révolution lui a donné une vaste capote, dans laquelle ses pieds se prennent en marchant. La révolution, vous pensez comme il peut l'aimer et la comprendre à l'âge qu'il a ! Il a marché derrière les soldats pour l'odeur de la soupe, il leur a plu, il les a fait rire ; et ils l'ont enrôlé, il a cessé de craindre la solitude dans le monde immense.

Cet autre officier, au visage épanoui, le seau d'une corvée dans sa main droite, sa femme près de lui ? Quelque pur à la longue désabusé, ou quelqu'un qui ne s'en est jamais fait, qui a pris les jours comme ils venaient, l'un après l'autre. Sa face hilare contemple à largeur de page le groupe des furieux. Devant une foule inquiète et méditative, ils sont trois. Non : deux et demi, avec le gamin de tout à l'heure, Gavroche asiatique, qui, sa belle capote aux épaules, regarde avec une désinvolture nouvelle (il n'y a plus de Grands), l'officier rouge. Celui-ci, habillé d'une espèce de petit manteau américain (*smart*) est coiffé d'un couvre-chef extraordinaire. Imaginez, avec visière et couvre-nuque, quelque chose qui reproduit exactement, conique et curviligne, le casque sarrazin. Voilà ce que, remuée dans sa vase, la sainte Russie a spontanément retrouvé : le bonnet de Gengis-Khan. Regardez-le. Vous croirez ce que l'on dit. Que sur la lisière des forêts les idoles du temps de Rurik ont reparu. Et la brute que voilà, troisième, est toute prête à les adorer, n'en doutez pas, si vous savez lire ses traits obliques dans leur cadre de fourrure.

Pour finir, trois Chinois, l'un rusé, l'autre superbe, le troisième mélancolique, tous chétifs, dont un moujik ordinaire ferait trois bouchées et, enrégimentés, armés, commandés, ils font à la révolution son meilleur rempart, sa garde indifférente et cruelle, sans doute heureuse de voir un peu saigner les grands corps blancs.

Au milieu d'eux, un *pauvre* invraisemblable, sans race, les oreilles rabattues par un vaste chapeau melon, pareil à ceux qui dans le petit jour des Halles, ou dans le fond d'un trou sordide, observent la vie, la dure vie, avec un petit œil clignotant.

Ah ! les pauvres gens. Caressée ou subie, la tragique illusion les a rendus errants, plus misérables, plus dépouillés...

Quatre ou cinq images bien regardées peuvent faire détester le désordre et donner une force nouvelle à la charité du genre humain.

TOLSTOÏ, MIROIR DE LA RUSSIE

Tolstoï faisait le moujik et il n'arrivait pas à dissimuler ni l'homme de génie, sous la blouse, ni le seigneur. Trois personnages réunis tant bien que mal sous le même vêtement corporel, mais russes au même degré. Gorki *dixit*, dans ces notes que la *Nouvelle Revue Française* a publiées. Vous les avez serrées dans vos dossiers, si vous êtes vrai connaisseur et amateur d'âmes.

A Gaspra, en Crimée, où le jeune romancier vécut dans la familiarité de Tolstoï, celui-ci parlait sans discrétion aux admirateurs qu'il avait près de lui. — « M'aimez-vous ? » faisait-il. L'autre, si c'était un sectaire gagné à ses idées, se mettait la main sur le cœur, par ingénuité ou faux-semblant. Gorki répondait : « Non, je n'ai pas d'affection pour vous. » Ou bien : « Non, aujourd'hui je ne vous aime pas. » Pour savourer tout le sel d'un pareil dialogue, rappelez-vous la correspondance de Racine et de Boileau, qui s'aimaient : « Je vous écrivis hier, monsieur... » Tolstoï demandait au premier venu : « Aimez-vous votre femme ? » Il voulait que Gorki lui racontât ses rêves. Point de façons. Pas de mensonge. La vérité.

Toutefois, minute. S'il était « sans merci dans ses questions », il paraissait « réservé comme un sage dans ses réponses ». Gorki lui demandait s'il pensait autant de mal des médecins que son héros de la *Sonate à Kreutzer*. Et Tolstoï : — « Avez-vous grand intérêt à le savoir ? — Grand intérêt. — Alors, je ne vous le dirai pas. » Là-dessus, le vieil homme se mit à sourire, autre trait villageois, en frottant ses pouces. Il était, nous dit Gorki, pareil à un dieu païen et russe, *assis sur un trône d'érable, sous un tilleul doré.*

En réalité, il avait plus d'un secret. A dire, lorsqu'il s'agissait d'art. A cacher, lorsqu'il était question de philosophie. Et de Dieu, sujet favori mais enveloppé.

Il paraît que Tolstoï en russe veut dire *fort*. Léon le Fort livrait de bon gré ses opinions littéraires, même, ingénûment, celle qu'il a de son œuvre, qu'il compare à l'*Iliade*. Entre tant, il donnait d'utiles conseils, fruit de l'expérience heureuse. Par exemple : « Nous disons : *le rôle de l'individu dans l'histoire* ; et le paysan dit : *vous ne pouvez cacher une anguille dans un sac.* » Ou bien : « Vous, Gorki, vous sautez comme un coq sur tout ce que vous rencontrez ; en outre, vous voulez toujours recouvrir d'une peinture de votre cru les fentes et crevasses que vous apercevez. Rappelez-vous ce que dit Andersen : *la dorure s'usera, la peau de cochon restera.* » Quel plaisir de reconnaître, sous l'image naïve, un principe classique, la fameuse comparaison de l'or de Virgile au clinquant du Tasse !

Mais, sans l'avouer, sinon par allusions, Léon le Faible, qui doutait de ses idées religieuses et sociales, rêvait du martyre pour les imposer au monde, vieillard despotique, coûte que coûte.

Le fond de sa pensée voilée comportait le nihilisme le plus radical qui ait jamais désolé le cerveau d'un homme, un désespoir irrémédiable, le sentiment de l'abandon universel, la *négation de toutes les affirmations*.

Or, dit Gorki, c'est le vieux Russe en lui qui s'attaque à la science et à l'État, conduit par la stérilité de ses efforts à la passive anarchie. Il incarnait en sa grande âme tous les défauts d'une nation. Sa doctrine nébuleuse de la *non-activité*, de la *non-résistance au mal* était fille du fatalisme mongol, son « anarchisme » exprimait par essence même et dans son principe le vagabond génie des Slaves. L'État russe a été fondé comme par hasard et mécaniquement par les forces unies des Varègues, des Tartares et des Baltes, à l'étonnement de la majorité de ses citoyens, nomades invétérés, jaloux de vivre chacun pour soi. À la loi de l'Occident, à ses travaux, à son effort créateur, à sa volonté de vaincre par une résistance invincible « les maux de la vie », Tolstoï a opposé, « en lui reflété avec magnificence, *le vieux scepticisme du village russe...* »

Ainsi, je le répète, parle Gorki, et quelle lumière sur la révolution ! La folle parole a pu disjoindre les membres de la patrie russe, parce qu'elle a feint de promettre d'abord à chaque personne une entière et céleste liberté. Alors, chacun a ri au nez des docteurs, clercs ou laïques, et tiré de son côté, sans souci du reste.

Jusqu'à ce que le recruteur de l'armée rouge parût, ayant remplacé par la peine de mort à tout bout de champ la désuète nagaïka.

MIL NEUF CENT VINGT-TROIS

Lorsque M. Tchitchérine dut aller à Gênes pour y rencontrer des ministres et les élégants diplomates, il n'a pas oublié lui-même de s'habiller.

Les journaux ayant publié son portrait, dans le luxueux vagon international, son chapeau surprit toute l'Europe, car c'était un haut de forme.

Les correspondants du socialisme universel voulurent expliquer que Tchitchérine avait obéi, la mort dans l'âme, au rituel imbécile. Et qu'il avait donc pris, à dessein plutôt qu'au hasard, un vieux tromblon rougeâtre, hérissé, burlesque.

Destiné à tourner en dérision la société bourgeoise.

Ce n'était pas vrai. Le haut de forme de M. Tchitchérine n'était pas un chef-d'œuvre, n'était pas le dernier chapeau de Londres, n'était pas le dernier chapeau de Paris, mais, tout neuf et reluisant, il avait les huit reflets fatidiques. M. le plénipotentiaire l'avait acquis au passage, en Allemagne, chez un fournisseur des anciennes cours. Et il en était si fier qu'il n'attendait pas d'être arrivé pour en décorer sa tête.

D'ailleurs, il avait un moëlleux pardessus à col de velours, un pantalon repassé, des gants frais dans leur pli, un foulard et un parapluie (*Chère mère Volga...*)

Les dépêches nous révélèrent par la suite que la délégation russe pillait, mais le porte-feuilles à la main, les grands magasins de Gênes. Il fallait à ces messieurs des habits, des cannes, des bot-tines, du linge de soie.

Vous ne pensez pas que je les blâme. Ce n'est pas d'aimer le linge de soie qui est bête, c'est d'être communiste.

Lorsqu'on veut réduire au niveau toutes les différences humaines, c'est comme le rocher de Sisyphe. A recommencer tous les jours, et la pierre, en retombant, écrase des personnes.

Moi que voilà, j'ai reçu en don du ciel l'éloquence; vous, point. Vous balbutiez. Vous me supplierez d'être bon, d'écrire à votre place à la belle que vous aimez, et si je ne suis pas trop chevaleresque, si seulement j'ai trop faim, vous me céderez votre part de soupe. J'aurai mangé deux soupes. Je suis redevenu bourgeois (au sens ancien du mot).

Cependant, ni vous ni moi ne travaillons plus que juste ce qu'il faut du jour au lendemain. Nous nous gardons de nous épuiser contre la grasse terre noire, cessant d'y rêver ce surcroît de blé que d'autres viendraient nous prendre. Pas si bêtes ! On nous demande aussi des choses qui passent notre capacité, comme de réparer les savantes machines, à défaut d'ingénieurs. Mais elles s'arrêtent. Et le gel a détruit cette chétive moisson qui restait notre unique espérance. Alors, nous mourrons de faim.

L'on ramassera nos corps sur le bord de la route.
Ils seront secs comme des harengs, en outre.

Ils seront maniables, légers. Les soldats en service commandé les enlèveront. — *Une, deux...* La charrette est pleine.

Ou bien, à force de craindre une fin si lamentable, nous serons devenus pareils à des loups. Je dis mal : nous sommes plus intelligents que les loups. Nous calculons qu'à diviser le peu que nous pouvons attraper, à la sueur de nos membres affaiblis, nous risquons de choir inanimés ; une fois chus, d'expirer. *Ergo*, nous ne partageons plus, sinon, de temps à autre, avec une dame. Nous prenons en grippe nos propres enfants. Les grandes personnes et les enfants commencent à s'entreregarder avec défiance. Et il y a des enfants qui s'en vont par troupes, loin de leurs maisons, à l'aventure, en quête d'un os, comme de petits chiens errants.

Les Fuégiens, qui ne savent pas coudre, qui savent à peine cuire, n'ont, paraît-il, qu'un seul mot pour désigner les chiens et les enfants.

Bolchévistes de Paris,
Imitez des Feugiens la vie inimitable.
Ils suivent la Nature, et seule elle est aimable.
Lénine est encor trop poli.

Car il règne, même malade, comme s'il était roi. Il a établi un système de gouvernement. Quel est ce système, voulez-vous le savoir, qui maintient dans son étreinte les gens ?

Il suffit que les communistes renoncent, sans le dire au communisme. Qu'ils constituent un Sénat dictatorial, se recrutant « par en haut », comme on dit. Par cooptation, c'est le terme. Mais il faut que ce Sénat ait d'abord une Armée.

Une Armée qui en soit une. Qui obéisse. Qui ait un drapeau. Qui ait des chefs... Le drapeau sera rouge, mais en soie. On le présentera aux troupes en grande pompe. Les soldats lèveront la main, prenant la voûte aérienne à témoin de leur fidélité. Il sera même bon qu'ils s'agenouillent. Les officiers ne seront plus distingués par ces galons que la révolution a arrachés, mais par des étoiles et autres signes discrets. Les sous-officiers garderont leurs modestes sardines, puisqu'il faut des sous-officiers, n'est-ce pas ? comme des contre-maîtres et des chefs d'équipe. Dans les rues de la ville, seront promenés des chars de carnaval, où Bouddha et les autres divinités superstitieuses seront exposées à la risée du peuple. Il n'en aura que plus de respect, ce peuple, pour la sainte pourpre de la Tchéka. Celle dont le général en chef, quand il part en voyage, porte à ses lèvres le sacré lambeau.

Aux stations le général — non : le Commissaire suprême — fera des discours, grimpé sur le toit d'un vagon, et contemplant de là-haut les files impeccables, il ne rêve plus que d'être reconnu par l'Europe, fut-ce à la pointe du sabre. Car enfin, la Russie a des droits, car le Bosphore existe, car les Roumains sont bien impertinents pour leur petite taille. Et l'armée russe *(Hourrah !)* bien belle à voir dans les somptueuses capotes rasant la terre.

A Billancourt en France, dans une usine, travaillent six cents émigrés russes. Dont trois colonels, l'un magasinier, l'autre contrôleur, manœuvre le troisième. « Travailleur modèle (dit l'*Intransigeant*) d'une stature et d'une force remarquables. Il faut être au courant de son aventure pour comprendre le petit cercle rose dont il est marqué à la racine du nez et sous l'arcade sourcilière : cet aristocrate [*mais non : ce gentilhomme, ce soldat*] a tout perdu, sauf le pli du monocle. »

Son fils est apprenti. Sa femme, vérificatrice.

On a détroussé ces pauvres gens. On les a bannis. L'on a affamé la Russie, grenier du monde. L'on n'a pas établi le communisme, — puisqu'il est impossible. L'on a payé un chapeau haut de forme à M. Tchitchérine et des chemises de soie à ses secrétaires.

L'un des chefs rouges laissera-t-il du moins des mémoires, où l'on puisse découvrir, avec toutes les circonstances psychologiques voulues, quand et comment il a cessé d'être dupe pour devenir un patriote à sa mode, une manière d'aristo, curieux du pétrole de son pays et féru de politique étrangère ?

LES
GROS SABOTS DE L'ALLEMAGNE

LE PORTRAIT DE CORFOU
Écrit en 1912, et servant ici de préface.

Hansi l'Alsacien nous a décrit de toutes les manières, par la plume et le crayon, ses bons amis. Il nous les a montrés comme ils se pressent aux bords du lac de Garde, dont ils ont fait une colonie germanique, massifs, gloutons, parcimonieux, et qui offensent de leurs éclats de voix et de la disgrâce de leurs habits la belle lumière pour laquelle ils ne sont pas nés. Regardons-les. La guerre peut éclater demain.

Le même instinct qui pousse ses sujets en troupe vers un autre ciel, mène périodiquement l'empereur et roi sous le vent de Corfou. Nous sommes bien obligés de voir qu'il n'y a pas grande mine. Il y perd quelque chose du prestige acquis dans les brouillards marins de la Baltique.

Considérez les récentes photographies. Il en

est une qui le représente avec sa fille, la princesse Louise-Victoria, sur le pont de son navire. L'empereur est majestueusement posé, la princesse s'efface et, gênée par le soleil, elle baisse la tête ; tous deux reposent sur des coussins.

Première faute de goût, que ne commettrait pas le moindre petit lord en voyage, le plus jeunet de nos ducs français : il ne fallait pas recouvrir, dans ce climat, le bois fin des sièges, Du moins il y fallait quelque cuir léger, tout uni, ou quelque natte bien serrée, non cet épais traversin trop sombre et opulent, fleuri par cet art nouveau dont ils veulent faire un style allemand et qui fut, lui aussi, emprunté aux Anglais, aux Lorrains, aux Belges.

L'empereur allemand, qui est en uniforme, a la tête couverte d'une casquette blanche. Il est de règle que la coiffure soit fonction du costume. L'empereur allemand n'a pas l'air de s'en douter. Car il a des gants noirs, ou très foncés. La chaussure est noire aussi. Quant à l'uniforme, Sire, votre oncle Édouard VII en aurait ri, *in petto*. Chacune des deux manches est chargée de deux masses d'or, la première de sept ou huit petits galons rapprochés et fondus, qui scintillent, l'autre de quatre bons gros rubans, le tout à égale distance du poignet et du coude, disposition malheureuse parce qu'elle est indécise et sans style. Ceinturon doré. Dorées aussi les pattes d'épaule. Et le torse est tout chamarré de torsades et d'aiguillettes... A Corfou, dès le matin !

Pour tout dire, il vous faudra changer de bot-

tier, Majesté, si vous ne pouvez améliorer le
vôtre. Une honnête chaussure ne relève pas ainsi
la pointe, à la manière d'une caravelle. En outre,
le profil de vos semelles est blanc, qui tranche
avec l'empeigne sombre, comme à la pantoufle
feutrée d'un Mongol. Quoi donc encore ? Je ne
voudrais pas faire de jugement téméraire. Mais
en uniforme tout cousu d'or, avec des gants
obscurs et des chaussures noires, n'avez-vous
point des semelles molles, Sire, comme au tennis ?

L'Allemagne pourra, d'aventure, dominer un
siècle de fer. A force de patience, elle pourra rencontrer des réussites, au théâtre, chez les impri-
meurs, dans ses architectes, par les arts mécaniques. A voir cette image d'un chef barbare
sous un ciel trop beau, l'on est sûr que l'esprit
de finesse lui demeure à jamais étranger.

Une certaine fleur manque à la moderne
Europe. Ce n'est pas l'Allemagne qui la donnera.

Le récit a été rédigé par des témoins, grosses
têtes qui en certifient la fidélité. Le téléphone y
joue un rôle qui, sans faire bailler bleu quand
on n'est pas badaud, est pourtant remarquable,
comme une variation dans le décor de l'éternelle
tragédie.

La question était posée depuis une huitaine.
Il y avait, le matin du 9 novembre 1918, grand

conseil : Hindenburg, le général von Plessen, le secrétaire d'État von Hintze, le général baron de Marschall, le général comte von der Schulenbourg. Le *kronprinz* voulait que « son père » vînt dans « son armée », et marcher sur Berlin... Sonnerie.

— Allo.

— Oui.

— De la part du prince Max de Bade, Wahnschaffe, du palais du chancelier de l'Empire. Il est nécessaire que Sa Majesté abdique. Le sang coule à Berlin.

— Mais Hindenbourg ne veut pas. Il dit que « personne n'a le droit, pas plus le chancelier que le Reichstag, de demander au roi de Prusse d'abdiquer. »

Les deux interlocuteurs se surveillent. Chacun semble biaiser. Le prince Max de Bade qui, d'après le texte, a mené toute l'affaire, songe-t-il à ne pas gêner l'Unité du *Reich* d'un embarras de surcroît ? (Aucune tête politique n'aurait imaginé à cette époque que les Alliés en prendraient soin eux-mêmes, avec tendresse.) Toujours est-il qu'il ne s'applique guère à préciser les droits et devoirs du roi de Prusse, à les distinguer de ceux de l'empereur allemand. Chose curieuse aussi, la réponse n'insiste pas sur les lois de l'Empire et la Constitution fédérale. Comme si l'entourage de l'empereur, le vieil Hindenbourg en tête, retrouvait, dans le malheur, l'ancienne méfiance de Bismarck contre les nouveautés, l'ancien loyalisme prussien, militaire, exclusif, à peine allemand.

Seconde sonnerie. Le conseiller Simon parle, toujours de la même part et dans le même sens. Von Hintze, qui tient le récepteur pour le compte de l'empereur et roi, a beau demander que le prince Max de Bade vienne à l'appareil. En vain. Et quel est le sentiment qui commande son abstention ? Le bonheur d'humilier, de tenir dans sa main, de faire danser au bout du fil, celui qui avait « mis à sa suite » tous les princes de l'Allemagne ? Ou la honte d'avoir à commander au suzerain de l'empire ? Est-ce que vous n'éprouvez pas à promener là-dedans votre imagination un singulier plaisir, ô Français envahis, Français méprisés, Français vainqueurs ?

Le prince Max de Bade daignera seulement donner son avis, qui sera transmis. Le pauvre empereur du monde a-t-il, à ce moment, saisi lui-même la machine à transporter la parole ? Le texte porte à cet endroit : « Guillaume II riposte... » Il dit encore *Je veux* et *Je ne veux pas* : « Je ne veux pas abdiquer comme roi de Prusse. Je laisse à Hindenbourg le commandement de l'armée allemande. Je prends le commandement de l'armée prussienne ».

Rappelez-vous qu'il s'agissait de marcher sur Berlin, et non plus sur l'ennemi : *pacifiquement,* disait-on, une fois l'armistice conclu. Et le tambour battant, sans doute ?

Mais l'implacable Wahnschaffe de répondre qu'il est trop tard, que l'abdication doit être accomplie vite, dans quelques minutes, qu'elle a été annoncée, qu'une dépêche en a porté la nouvelle aux troupes, à la nation allemande, au monde.

Von Hintze proteste encore. Jusqu'à ce que le prince Max de Bade, lui-même, impatienté, fasse résonner la plaque de la seule voix qui compte désormais, qui est la sienne :

— Je prends la responsabilité de la communication faite à l'agence Wolff.

C'est tout. Inutile d'insister. Les récepteurs sont raccrochés.

Il est deux heures et demie de l'après-midi. Il a beau passer par les fils et le grelot du téléphone, cet arrêt du destin ressemble à tout ce que les hommes savent de la vie. Il appelle le cœur humain à donner sa mesure. Celles que prirent sur la personne de leur seigneur les hommes d'État et les généraux de son entourage ne paraissent pas avoir été brillantes. Il avait en réalité cessé de commander. Loin d'avoir aucune grandeur à communiquer à ses subordonnés, c'est d'eux qu'il recevait à chaque instant ce qui lui restait de force, de courage, — d'empire.

Se souvenaient-ils qu'à Charleville, au sein splendide de son grand quartier général, leur chef avait déjà petite mine ? Cet avisé commerçant, ce banquier subtil, ce marin si l'on veut, ou cet armateur, a fait preuve dans la paix de qualités qu'il n'y a pas à dédaigner. Il n'oppose à l'infortune qu'une âme incertaine et mesquine. Il répète, comme un enfant : « Je suis roi de Prusse par la grâce de Dieu. » Mais oubliant quelles actions réelles et fortes cette haute idée du pouvoir royal devrait inspirer, il n'en invoque au vrai que la grimace et la velléité. Aucun appel au peuple allemand ou seulement prussien. Une protestation secrète en dépôt au cabinet militaire, « pour réserver l'avenir ». Et des tergiversations, des contre-ordres, quelle misère ! A quatre heures, il cède tout ; il compte gagner la Hollande le lendemain. A six heures, il veut partir sur-le-champ. A sept heures et demie, il a encore changé d'idée. Il partira le 10, à cinq heures.

« Il était consterné parce qu'on lui barrait à la fois la route de Berlin et celle du front ». Ah ! bah ! Est-il si difficile de faire chauffer une voiture et de partir, et de paraître ?...

La France menacée dans les dernières années de son règne, Louis XIV ne fut jamais plus grand. Il incarne la France et lui parle. C'est lui qui anime Villars. Il avait soixante-quatorze ans. Et sans la victoire de Denain il allait combattre à la tête de notre dernière armée et « périr avec elle ou sauver l'État ».

Il y a sûrement lieu de comparer l'Allemagne rassemblée à la France unie, Guillaume II à Louis XIV. On le fait parce qu'elle l'a ainsi voulu, parce que Guillaume II, toute sa vie, s'est constitué, selon l'expression de Charles Maurras, « le singe des Capétiens », et surtout du plus grand. Si le parallèle tourne à sa dérision, nos rues l'ont chanté : *Fallait pas qu'il y aille.*

GUILLAUME II, NOUVEAU RICHE

Mon ami Alceste a toujours été basiléophile, ou ami des rois. Un prince qui nous visite, il court. Toutefois, il a toujours parlé avec dédain de l'empereur allemand.

Ce prince le plus puissant du monde, m'expliquait-il, faisait au milieu des conseils de l'Europe une étrange figure. Rois depuis deux siècles à peine, les Hohenzollern avaient une majesté impériale fraîchement peinte et toute criarde. A ce défaut d'ancienneté, Guillaume II joignait la disgrâce d'une vulgarité personnelle dont je m'étonne qu'elle n'ait pas été plus souvent décrite.

En uniforme encore, il avait assez bonne mine. Des chevaux soigneusement mis en main, de grands manteaux, un bon tailleur, un attirail martial. Il portait la main de son bras valide à sa moustache et faisait illusion... L'avez-vous jamais aperçu en civil ? Un air guindé, des cravates burlesques, tout neuf, trop repassé. En costume de chasse aussi, il était curieux : la cape sur l'épaule, le chapeau tyrolien trop étroit surmontant un visage conique. Prêt à *iouler*, semblait-il. Rien ne m'a tant agacé pendant des années, que cette moustache, vous souvenez-vous ? qui trouva pourtant des imitateurs, et dont les crocs cosmétiqués faisaient loucher.

Les lettres que Guillaume II adressait en anglais à Nicolas II et dont le *Journal* a poursuivi la publication, font connaître de quel ton parlait ce gentilhomme. Politique consciencieux, peut-être plus rusé qu'habile, qui pourtant voit bien son affaire et s'y applique sans trop de scrupule. Mais, pour en revenir à notre question, quel style, seigneur Dieu, quelles manières ! Le piège de la familiarité, vous ne voudriez pas que la fausse élégance l'en ait fait reculer. Au contraire ! On croirait qu'il veut attraper on ne sait quel air parisien. Sans quitter cependant la bonhomie allemande. De là, ces proverbes, français de préférence, comme « *toute vérité n'est pas bonne à dire* ». De là, toutes ces menues citations latines, de celles qu'on trouve dans les pages roses du Larousse. Surtout, il sera familial. Il signe ses lettres *Willy*, il les adresse à *Nicky*, il parle à ce dernier de son *papa* et le charge de « ses affections pour *Alix* ». C'est l'impératrice de Russie. Comme *Victoria* est la reine de Prusse, sa femme. Le roi d'Angleterre, qui devait en grincer des dents, devient « l'oncle Édouard ».

Dans cette collection, trois perles. Willy un jour avait à remercier Nicky. « Vraiment, *ce serait manquer de tact et d'éducation* si une fois de plus je ne vous remerciais du fond du cœur ». Qu'en dites-vous ? Que dites-vous de cette civilité puérile et honnête et de ses commandements naïvement exprimés de main impériale ? Un autre jour, Willy priait Nicky de garder un secret, qui d'ailleurs ne regardait personne car, « nous ne pensons qu'à nous-mêmes et nous ne montrons personne du doigt, *ce qui dans la bonne société est considéré comme un manque d'éducation...* » Est-ce qu'il me prend pour un moujick ? devait penser le malheureux Nicky. Enfin, au temps de la guerre russo-japonaise, Guillaume pressait Nicolas II d'accepter que le prince Frédéric-Léopold suivît les armées russes en Mandchourie. Le tsar n'y tenait pas du tout. Or, à bout d'arguments, Guillaume écrit : « Le prince *a acheté des tas de vêtements et de choses, il a fait toutes sortes de préparatifs et même appris votre langue...* » L'argent du tailleur, l'argent du maître de russe sera-t-il perdu ? Nicky ne le voudra point...

Voilà ! La société des princes avant la guerre comptait une espèce de nouveau riche, Guillaume de Hohenzollern, empereur allemand. Si nigaud, en vérité, qu'il se donne le ridicule de haïr ou mépriser ceux que sa politique combat, les Français, *ces damnés bandits*, les Polonais, pareils « aux sauvages de l'île Sandwich », les Crétois, qu'il voudrait voir en enfer... Un pauvre homme, je vous dis.

Mais sa misère a été mêlée d'une trop grande brutalité pour que nous puissions avoir pitié de lui tandis que, dans sa solitude d'Amerongen, il écoute « le vent siffler dans la ramure ».

Post-scriptum. — Le fleuve de sang ne le gêne pas dans son lit. Il a osé se marier.

LES NUANCES SANS PRIX

Le coup de revolver que s'est tiré l'un des fils de l'empereur allemand pourvoiera de commentaires la petite histoire. A cette heure, nous savons uniquement qu'il s'accordait mal avec sa femme. Les princesses allemandes sont décidément bourgeoises. L'on a enterré le prince Joachim avec une certaine pompe. De nombreux officiers en grande tenue ont voulu suivre le convoi. A leur tête, les maréchaux Hindenburg et Ludendorff. Tout ce monde a recoiffé le casque à pointe. Ce n'est pas une coiffure nécessairement laide. Les Allemands l'ont enlaidie, lorsqu'ils l'ont réduite, sous le gros paratonnerre de cuivre, à ce ridicule format, le crâne d'un enfant. Hindenbourg avait son bâton. Il était accompagné d'un officier qui portait sa couronne funéraire.

C'est ce détail qui m'a arrêté. Mais je ne saurais m'expliquer qu'à force de lointaines digressions. Il est question de nuances.

J'ai lu en 1912 un livre, qui n'a pas encore eu tous les lecteurs qu'il mérite. Un vieux soldat y a réuni à ses propres souvenirs de Crimée, d'Italie, d'Algérie et de Lorraine, le journal de marche de son frère durant l'expédition du Mexique. Il a peint deux enfants d'une race vouée à la vie des camps, « l'ayant menée de génération en génération sous l'armure puis en manchettes ».

Campagne d'Orient. Embarqué à Marseille sur un vapeur des Messageries, la traversée de la Méditerranée, l'escale à Messine, l'escale d'Athènes, la relâche à Constantinople. Un jeune homme, presque un adolescent, et qui sait bien les grandes traditions classiques, a fait pour nous ce beau voyage du Levant : à la dernière échelle, la guerre.

En 1859, il avait vingt-quatre ans et il était capitaine, à l'ancienneté. Descente de l'armée en Italie, un autre ciel, la plaine lombarde, Palestro, Magenta, Solférino, Milan ; de bons yeux pour tout voir.

Entre tous les souvenirs d'Algérie, un seul a été sauvé. N'avez-vous jamais rêvé de composer à votre usage un recueil d'une trentaine de courts chefs-d'œuvre, où la tristesse du monde fût avouée sans ménagement, mais sans lâcheté ? Pour moi, j'y mettrais les *Lettres de la Religieuse portugaise*, la préface de Stendhal aux *Mémoires d'un touriste*, le récit de Tigrane en appendice au *Voyage de Sparte*, que sais-je encore ? Cherchez. Enfin la soirée algérienne que voilà. Imaginez un jour que rien d'apparent ne distingue des autres, sinon la confidence d'un amant blessé ; et toute la douleur incertaine des hommes vient déchirer vos nerfs. On pense à ce mot de Bossuet sur *la persécution de cet inexorable ennui qui fait le fond de la vie humaine.*

Le livre qui contient cette page inoubliable s'achève par un tableau des batailles livrées devant Metz, texte plein de science et de sérénité, où la part du destin, de la circonstance adverse et pourtant accidentelle, est faite exactement, et très grande, comme elle fut.

L'auteur est ce marquis de la Tour du Pin à qui l'on doit aussi un recueil d'aphorismes politiques et un gros traité de sociologie. Tout ce que notre temps a nommé socialisme chrétien ou christianisme social est sorti de là, de cette pensée, de cet enseignement.

Si nous sommes loin du maréchal Hindenbourg et de son officier porte-couronne, vous allez voir. Ces « Feuillets de la vie militaire sous le Second Empire » contiennent une galerie de portraits. Vous y admirerez la figure de plusieurs généraux de l'ancienne armée, dont Jules-François-Sylvain Merle de La Brugière de Laveaucoupet. Soldat si dur qu'il n'eut jamais de pantoufles et ne quitta les bottes que pour les sabots, à l'heure de la retraite. Voici l'original.

Comme il avait voulu qu'un jeune officier montât dans sa voiture, quand il s'aperçut qu'il n'y avait plus qu'une seule place, celle qu'il donnait, il s'élança, lui, sur le siège, refermant la portière sur son hôte avec autorité. Une autre fois, en voyage, son officier d'ordonnance s'était muni d'un sac de toilette. Le général le lui prit des mains, disant : « Personne ne pensera que je porte votre sac, tout le monde aurait cru que vous portiez le mien. »

Ne me faites pas plus sombre que je ne suis. Je ne songe pas, pour si peu, à vilipender Hindenbourg. Je ne songe pas à m'écrier : « Voyez cet Allemand ! » Je connais les usages de notre siècle égalitaire. Je ne veux pas non plus dénigrer systématiquement une époque qui a égalé n'importe quelle autre en courage, en force d'âme. Mais je voudrais qu'en avançant, le genre humain ne perdît pas ce qu'il avait acquis, par exemple cette vertu de politesse où le moins, tout de même, qu'on puisse dire des Boches est qu'ils y sont maladroits. C'est pourquoi, je viens, contre toutes les règles, de parler à bâtons rompus. Pour louer une France plus « gentille ».

LE CHAPEAU DE L'AMBASSADEUR

Il faut que l'État ne renonce ni la pourpre ni l'hermine.

Ne dites pas que cela n'a pas d'importance, je vous opposerais les paroles de Napoléon que Rœderer citait dans son journal.

L'empereur parlait de son frère Joseph : « Il ne veut pas qu'on l'appelle monseigneur ni prince. Il écrit, il dit à ses amis qu'il ne veut pas qu'il y ait rien de changé entre eux : il écrit cela à Mme de Staël et à d'autres. Il croit cela bien grand et généreux. La grandeur, la générosité est de ne pas supposer que de vains noms puissent changer quelque chose aux rapports d'amitié, de famille ou de société... Tous ces titres-là font partie d'un système ; et voilà pourquoi ils sont nécessaires... »

Napoléon sentait pareillement l'utilité de beaux

costumes officiels. Ce qui nous en reste -vient de lui. Il savait que l'autorité a besoin d'apparat pour exercer son bienfait, et bon psychologue, du moins là, il distinguait très bien que l'honneur ne va pas à la guenille mais à la fonction.

Il n'y a pas de lubie qui puisse avoir raison contre cette disposition du cœur humain. La plus farouche démocratie veut que ses magistrats soient de mise simple, même un peu sales et cabossés dans leur privé. Elle sera contente si les mêmes déploient à l'occasion un luxe d'habits et de dorure dont elle puisse être flattée. Cela nous explique tout ensemble le chapeau mou de Lloyd George et la pompe britannique, comme la carmagnole et les panaches tricolores de la Révolution. C'est aussi pourquoi nous obligeons, contre nos us et nos mœurs, le président de la République à paraître le matin en habit noir, le plastron barré du cordon rouge.

Je me faisais ces réflexions l'autre jour, premier de l'an 1921, M. Millerand ayant, après une interruption de six années, repris la solennelle réception. Les badauds campés devant la porte de l'Élysée ont vu passer les grandes robes et les habits verts, les cours de justice et l'Académie, ils ont vu les maréchaux de France et les ambassadeurs.

Vous savez que ces derniers portent, lorsqu'ils doivent figurer dans une fête d'État, un frac rebrodé, un chapeau à plumes, un pantalon galonné. Tout civils qu'ils sont, on leur voit au côté une épée, celle de « l'honnête homme », que l'Empire a voulu garder.

Tout cela peut choquer une grossière égalité. L'homme de sens se dit que c'est la coutume, qu'elle est sage, qu'en effaçant ou atténuant certaines différences personnelles, elle établit, pour employer ce vocabulaire, une autre sorte d'égalité. Les nations au même étage.

Ceux qui sont revenus saluer la France au nom des nations avaient donc revêtu leur uniforme.

Tous, sauf un : l'ambassadeur allemand.

Lui, parut en civil.

Vous avez pu voir son portrait dans l'*Illustration*. C'est un grand et assez gros homme que le docteur Mayer. Il marche carrément, la cravate blanche est visible sous le manteau de bonne coupe. Car là-dessous il est en habit, et sur sa tête, — intelligente, — il avait un chapeau de soie, brillant, cambré, de bonne forme.

Vous sentez le raisonnement :

« Admirez, contemplez la nation Démocratique. La France n'a que le président de la République en habit civil, la Germanie a ses ambassadeurs. Nous avons bien chassé l'ancien orgueil, nous sommes authentiquement républicains. Et, toutefois, rassure-toi, bourgeoisie universelle, — *ô banquiers, financiers, en guêtres de drap beige !* — ce sont messieurs de bonne mine, que les ambassadeurs allemands. Faites crédit à leur cravate blanche, confiance à leur beau chapeau. »

Les sabots de Michel sont vernis.

LES ANNIVERSAIRES

LA PREMIÈRE MARNE

Le peuple de Paris a pour la première fois senti qu'aux cinq années de guerre avait succédé la paix. Il ne l'a pas manifesté par de grands éclats. Il s'est promené.

Si vous comparez les heures tranquilles de ce beau dimanche aux journées palpitantes de l'armistice, de la signature, et du retour des vainqueurs, vous croirez que je rêve, vous vous demanderez pourquoi je m'arrête au souvenir effacé d'un dimanche pareil aux autres.

Ce qu'il avait de remarquable c'était sa date, son numéro d'ordre dans la suite des jours : 7 septembre 1919, premier anniversaire, dans la paix, de cette première *partie*, que suivit si longue attente...

J'espère n'oublier jamais la guerre. J'espère n'oublier jamais cet abîme au bord duquel la France a été en suspens. J'espère n'oublier jamais qu'ils ont mutilé la statue de La Fontaine, à quatre-vingts kilomètres de Paris. J'espère ne ressembler jamais à ce vieil insensé que j'ai connu vers 1900, pacifiste enragé, c'est-à-dire beaucoup moins ami de la paix qu'ennemi des idées et des hommes dont la France avait besoin, menacée comme elle l'était. Il avait vu les Prussiens en 1871 défiler sur la place de l'Étoile, d'où leurs ombres n'ont été chassées que par les clairons du triomphe. Je ne sais pas s'il s'en souvenait, et je ne peux comprendre qu'il eût le courage de rire jamais si franchement.

Ceux que j'ai connus, entre les morts tombés pour la défense de la terre et de l'esprit, un Péguy, un Gilbert, un Montesquiou, un Lionel des Rieux, un Jean-Marc Bernard, un Alain Fournier, un André du Fresnois, un Lagrange, un Drouet, je sais que je ne leur serai pas infidèle. Nous nous répétons que leur disparition a changé la vie, qu'il y a des paroles qui ne seront jamais dites parce qu'ils sont morts, et nous rêvons amèrement à ce mystérieux verbe interrompu.

Vous vous souvenez qu'en partant André du Fresnois, fils spirituel de Renan, nous disait à tous adieu, qu'il ne reviendrait pas.

Charles Péguy ne cessait pas d'interroger le destin et d'en pressentir la tragédie. Il a attendu, il a espéré son immolation. Il se savait magnanime et, lisant dans les cœurs, il vouait son âge à l'héroïsme. Il a même redouté de n'être pas appelé à faire la preuve de sa grandeur.

Pierre Gilbert, qui n'aimait ni ne craignait la

guerre, y pense avec la même générosité, et plus de clairvoyance, plus de pitié. « Lorsque la faute d'une génération, disait-il, a mis en péril la vie d'un pays, *la génération qui suit la fautive rachète le mal d'un homme ou d'un âge par un* SACRIFICE RÉDEMPTEUR ». Il parlait ainsi en 1906 ; et l'*Action française*, par une plume que je sais, écrivant sous le signe d'Orion, a donc eu raison de nommer Gilbert et Péguy les « parrains » de la génération sacrifiée.

Ils sont tombés l'un et l'autre à cette première Marne. C'est à eux que je pensais au milieu des promeneurs du Bois.

Vous l'avez oublié : la matinée avait été chagrine. Il avait même plu. Mais avant midi le ciel s'éclaira, le soleil vint animer la masse jaunissante des verdures. Ainsi doré par la lumière d'un beau jour, l'espace gardait une fraîcheur, une aération, une exquise humidité, et il restait des nuages, mais transfigurés ; d'ouate et de nacre mêlées.

J'étais allé entre Bagatelle et Longchamp retrouver la trace impondérable de ce premier dimanche de septembre 1914 que j'y avais passé, le cœur serré. On y découvre la vallée de la Seine, le mont Valérien, les coteaux de Suresnes, et, plus vaporeuses, les ondulations de Saint-Cloud, — la France. Je regardais les gens en foule au visage pour voir naître dans leurs yeux, se répandre sur les traits et jusque dans les mouvements, le repos, la tranquillité, l'apaisement : la paix...

Voilà, me disais-je, la récompense des « sacrifiés ». Très précisément, très certainement, voilà ce qu'ils ont voulu. Voilà, si l'autre vie n'était pas un rêve, ce qu'ils contempleraient. Les soucis qui nous restent, par la faute des vivants, il n'en est pas un seul qu'ils n'aient voulu nous ôter. Ils ont donné tout leur sang pour que les Français pussent aller et venir en France, aimer, respirer, vivre. Tant mieux si nous sommes nombreux à remesurer le temps et le regret. Que les autres goûtent simplement le bonheur, s'il leur vient, s'il peut leur venir sans arrière-pensée.

HOMÈRE ET LA TOUR EIFFEL

Je me promenais dans mon village d'Auteuil. Même là, je regarde les boutiques, en passant. Dans la vitrine d'un horloger, une pancarte :

TOUS LES JOURS

HEURE DE LA TOUR EIFFEL

TRANSMISE PAR T. S. F.

Je n'en croyais pas mes yeux. O temps lointains, que les petits garçons ingénieux disposaient à leurs balcons des antennes et des fils pour entendre la Tour parler ! Étiez-vous donc revenus, temps de la facilité et de l'abondance ?

N'allez pas me confondre avec un poète futuriste, n'allez pas croire que la vue d'une charpente métallique, à condition qu'elle soit d'une taille prodigieuse, suffise à m'entr'ouvrir les cieux. Le moyen de croire que la tour Eiffel soit jolie ? Ce qui peut-être la sauve est d'être à claire-voie. La lumière du jour qui la traverse et l'allège dans l'espace nous aide à l'embellir.

Quand la tour s'éleva, au milieu de l'Exposition de 1889, ce monstre ne servait à rien qu'à l'ébahissement des badauds. Elle avait trois cents mètres, quelle affaire ! Mais le monde entier y a grimpé. L'étranger, qui en revenait, ayant contemplé à ses pieds Paris et l'Ile de France, ou d'interminables bancs de brume, emportait un souvenir merveilleux. Ne soyons pas ingrats. Toute laide qu'elle était (alors), et inutile, vaine, prétentieuse, la Tour rendit service à la France. Au fond de l'Italie, dans les Pouilles (c'est l'Apulie d'Horace), ou bien en Espagne, en Andalousie, j'ai vu son portrait pendre à d'humbles murs. Tel était son prestige universel qu'en 1914, quand les Boches arrivèrent à la gare de Luxembourg et que, trompés par les écriteaux, les plus naïfs se croyaient à trois stations de Paris, les Luxembourgeois leur répondaient :

— Comment donc ! Voyez-vous cette côte ? Allez là-haut, vous apercevrez la tour Eiffel !

Déjà, elle parlait au monde. Elle portait aux Français et au monde la parole de la France. Si elle avait passé les premières années de sa vie à bayer aux corneilles, elle travaillait désormais. Est-ce que cette succession du service à la vanité, est-ce que cette espèce de prédestination ne vous enchante pas ?

Pendant la guerre, la Tour s'est multipliée. Elle a doublé, triplé, décuplé son éloquence, elle a caché dans ses atres de fer toute une peuplade de machines et d'hommes. Pour finir, le génie qui l'habite guide un ouvrier électricien vers une petite lampe oubliée dans une armoire. Merveilleuse à tel point que le pouvoir acquis par l'homme de transporter sa parole comme une chose matérielle, en a été prodigieusement accru. Je suis hors d'état de vous dire comment. Je vous dis les faits. C'est bien grâce à la Tour magique que l'État français parlant à ses alliés, à ses amis, à ses armées, entendait les discours lancés par l'ennemi...

Tandis que je méditais, le ciel nocturne de Paris, comme je l'ai vu pendant la guerre des hauteurs de Suresnes, se représentait à mes yeux. Les réflecteurs croisés et fébriles mettaient les nuages en mouvement. Les obus éclataient en vain, çà et là, dominés de temps à autre par une explosion plus forte, bombe ou torpille, dont on rageait... Au centre, la Tour. Au centre des éclairs et des éclatements, spécialement visée et menacée. Mais trop fine, effilée, imperceptible, couleur du temps, heureuse, invulnérable, par là rassurante et même tutélaire.

Certes, une singulière acropole, mais singulièrement apparentée aussi à toutes les formes de la guerre moderne, canons monstrueux, masques bestiaux, boîtes infernales. La grande carcasse veillait pour la sauvegarde des véritables Acropoles, le Louvre, Notre Dame, l'Arc [1]...

*
* *

Contemplez la. Couronnée de ses antennes, comme un héros d'Homère de son casque étincelant, elle combattait.

Un jeune écrivain a fait voir, l'*Iliade* à la main, les ressemblances de la guerre de Troie et de la nôtre. Ces héros fabuleux ouvrirent des tranchées et des boyaux. Les feux qu'ils allumaient jouaient de la même manière que nos fusées. Ils eurent leurs « embusqués ». Et ceux qui, dans leurs belles guêtres, guerroyaient, connurent aussi la fatigue et la nostalgie. Xavier de Courville va jusqu'à comparer le tonnerre des dieux belligérants à un bombardement d'artillerie. Mais s'il a ainsi modéré d'un sourire l'excès d'un parallèle trop rigoureux, vous le louerez d'avoir saisi, au milieu de toutes les différences d'ordre matériel, la profonde analogie des sentiments.

Quelque chose a pourtant échappé à son commentaire. C'est le défi, — le mémorable défi des héros homériques. « Œil de chien ! Cœur de cerf ! »

Les soldats de la guerre taciturne ont échangé moins de paroles que de coups. Cependant, ils

---

1. D'ailleurs, mon horloger se vantait. Il ne pouvait recevoir l'heure de la Tour. C'était encore l'Observatoire qui lui mesurait le temps. Il était obligé d'y aller en personne, ce qui fâchait cet ami du progrès.

ont parlé. Au-dessus des parapets, des pancartes s'élevaient, des journaux brandis à la pointe d'une baïonnette, des chants parfois... A la première Marne, passant d'une nation à l'autre, volant au-dessus du front de combat, un défi en règle a même été exprimé, le Défi homérique.

Il n'a pas été articulé par des lèvres d'homme. Jeté par une machine, il a tremblé dans l'espace aérien. Mais vous avez trop de philosophie pour que de pures apparences vous donnent le change.

Ouvrez le petit livre que le poète Déverin a modestement intitulé *Feuillets*. Planton porteur de messages, il fréquente la Tour. « Là-haut les ondes se croisent et s'enchevêtrent, mais l'oreille subtile de l'homme reconnaît et distingue les radios allemands, anglais ou belges des français. » Déverin s'amuse à coiffer le casque pour admirer « qu'on puisse saisir et noter ce menu chant de cigale ». On traduisait la cantilène sur un cahier.

— Qu'est-ce que ce « Norddeich » qui revient tout le temps ?

Réponse. Où le langage parisien imprime un tour goguenard à l'éternelle vérité :

— C'est leur poste central de T. S. F., comme nous la Tour. Au moment de la Marne, *les types de la Norddeich ont envoyé un message aux camarades de la Tour pour leur dire que la victoire était proche pour eux ; et autres bobards. Tu penses si les copains leur ont répliqué...*

On souhaiterait que l'histoire pût consigner ces paroles de la Tour, que les soldats amis de Déverin ne prirent pas la peine de rapporter mot à mot parce que, dans les grands cas, c'est, entre Parisiens, à qui sera le plus laconique. Vous pouvez les reconstituer à peu près, si vous vous rappelez la première *Iliade*.

Achille à Hector (en le regardant avec haine) :

— « Toi, que je connais bien, ne me parle pas d'arrangements. De même qu'il n'est point de promesses entre les lions et les hommes, de même que les agneaux et les loups sentent d'un cœur différent et qu'ils sont animés d'une pensée hostile, de même il n'est pas d'amitié, pas d'accord, pas de trêve possible entre nous... »

Telle est l'âme humaine invariable, j'y songe en regardant la pointe de la Tour vaciller dans cette nuit de janvier, où le tonnerre de Zeus s'est fait si curieusement entendre.

LA CHANSON DU VAINQUEUR

Le grand-duché de Luxembourg a voté le même jour le maintien de sa dynastie et son rattachement économique à la France.

Le Luxembourg est ce qui reste d'une nation à qui la politique européenne n'a pas permis de développer son être historique. Les comtes de Luxembourg ont tenu dans leurs provinces Neufchâteau, Arlon, Montmédy, Thionville. Il n'y avait pas de place de plus grand renom, dans l'ancienne Europe militaire, que le rocher de

Luxembourg, enlacé par deux cours d'eau. L'histoire du pays est liée à celle du Saint-Empire romain germanique. Mais depuis Jean l'Aveugle, mort dans nos rangs à Crécy, jusqu'au maréchal de Luxembourg et aux soldats de l'Empire, elle est liée à l'histoire de France. Elle compose un si terrible casse-tête que les historiens s'y perdent essayant de la raconter. Sa direction resterait incertaine si, dans les quatre années de la grande guerre, les Luxembourgeois, nos contemporains, n'en avaient révélé le sens.

En 1914, un voyageur pouvait s'y tromper. Il voyait la masse germanique toute proche agir comme sur un fragment d'acier quelque monstrueux aimant. Du côté français, l'inertie. Le grand-duché faisait partie de l'union douanière allemande, dont le renouvellement échut en 1912. Nous n'avons pas bougé le petit doigt.

Au lendemain de l'autre guerre, pour punir les Luxembourgeois d'avoir fait partir un train de vivres au secours des armées françaises, l'Allemagne avait mis la main sur le précieux chemin de fer qui relie les vallées du Rhin, de la Nahe, de la Sarre et de la Moselle. Les Allemands s'étaient engagés à n'employer que des Luxembourgeois, dans la proportion de 90 %. Seulement ils apportaient leur parler, leurs inscriptions, leurs costumes... Le voyageur français s'attristait à la vue des petites casquettes.

Mais s'il n'était pas trop pressé, s'il avait des yeux pour voir, il voyait d'autres choses. Il rencontrait, dans la vieille ville guerrière, l'un des neuf cents soldats de l'armée grand-ducale, avec ses brandebourgs blancs, sa tunique à mi-jambe, son pantalon à bande rouge, son air second Empire, et son képi. Il retrouvait, en route, ce même képi sur la tête des facteurs et des cheminots des lignes locales. Pareil à notre ancien couvre-chef, faisant penser à nos guerres d'Afrique, à l'armée de la Loire dans la neige, au duc d'Aumale, au général Chanzy. Je crois que ce képi avait dû céder finalement la place à la casquette, allemande, européenne. Mais à peine étions-nous victorieux, les neuf cents hommes se mettaient en grève. Petit fait, grand signe. Ils voulaient qu'on les coiffât d'un bonnet de police. La coiffure de l'armée française, quelle qu'elle fût, ils n'en voulaient point d'autre.

La langue officielle des Pays-Bas catholiques a toujours été le français. Le serment est en français des comtes de Vianden, tige de la dynastie encore régnante, aux anciens comtes de Luxembourg. Les Luxembourgeois ont toujours admis que, leur dialecte servant à la vie quotidienne, le français fût le langage de la vie politique et civilisée. La langue allemande ne leur est venue qu'à la pointe du sabre.

En 1908, un de mes amis, traversant le Duché, s'arrêta par hasard à Cruchten, petite ville au bord de l'Alzette, dont les Allemands écrivaient naturellement le nom par un K : Kruchten. Dans ses nomenclatures, notre Compagnie de l'Est faisait de même. Mais les habitants du pays ne voulaient rien savoir. Ils étaient inébranlablement fidèles au C français et latin, contents d'agacer à si peu de frais tous les Prussiens du voisinage. Mon ami, donc, pénétrant au buffet de la gare, eut l'oreille assourdie par un chant : « *Montagne des Pyrénées...* » Le gros homme qui jetait ces paroles françaises en guise de bienvenue, avait sur la nuque une casquette rouge. C'était le chef de gare. Il se peut qu'il eût bu un peu trop de *grechen*, ami de la vérité... Il prononça, la chanson finie, et son visage était devenu grave :

« Monsieur, si nos chemins de fer n'avaient pas cessé d'appartenir à votre Compagnie de l'Est, je gagnerais la moitié de ce que je gagne. Mais ce n'est pas la question. D'autre part, en vous parlant comme je le fais, au milieu, vous pouvez le remarquer, de l'approbation générale, je risque gros. Mais ce n'est pas non plus la question. Monsieur, je bois à la France. Vive la France ! »

L'assentiment unanime de l'auditoire, — il n'y avait que des gens du pays, mais en nombre, — fut marqué, non par des mots, mais par une inclinaison de la tête, le grave et affectueux salut que l'on adresse à quelqu'un dont on désespère. Mon ami remercia de même, par les yeux, et c'est de quoi il se souvenait, en septembre 1919, assistant à Luxembourg aux fêtes de la kermesse.

Tous les paysans du duché y viennent se mêler aux bourgeois de la ville. Race brune, osseuse, tranquille et obstinée, où paraît le fond gallo-romain. Bourgeois et paysans aiment à se rassembler en de grands concerts où la musique leur joue tous les airs du monde. Il y en avait un qui emportait tout. Il était repris en chœur par l'assistance et tous les regards brillaient. C'était le chant « des Français », le chant familier de tous les jours, la Madelon.

— Monsieur, disait un Luxembourgeois à mon ami, voilà la France. Elle sait sourire à travers toutes les misères. C'est elle que le maréchal de Richelieu menait à l'assaut au son des violons. On m'a dit que le jour d'Hébuterne, l'infanterie française était partie en chantant : « *Je connais une blonde...* » Voilà comme vous êtes, et comme nous vous admirons. Nous nous flattons aussi de vous ressembler davantage qu'à ceux de l'autre côté. Si grands que soient la circonstance et le hasard, le Français s'y égale, il humanise la destinée. La simplicité de la Madelon, sa bonhomie alliée à tout ce que nous savons de la plus terrible des guerres, c'est où nous vous reconnaissons, pareils à ce que vous avez toujours été. Et nous ne pouvons oublier que 3.500 volontaires luxembourgeois l'ont chantée aussi... A proportion, c'est le plus fort contingent qu'une nation neutre ait donné à la France [1]. Nous n'avions pas attendu la victoire pour nous déclarer... Ah ! monsieur, que la chanson du vainqueur est douce, quand ce vainqueur est Français...

---

1. Le dixième de la population mâle en état de porter les armes.

LES FUSILS DE VERDUN

Malgré la brume et la froide neige fondue, cent mille Parisiens ont visité les cimetières.

Quinze cent mille messages ont apporté dans les maisons des sacrifiés le diplôme, la lettre de noblesse donnée par l'État français. Des chants se sont élevés au Panthéon. La Sorbonne a motivé la reconnaissance de la patrie. Les églises semblaient choisir les soldats, nos frères innombrables, pour les recommander entre tous les défunts : *Requiem aeternam, dona eis...*

Premier jour des morts, dans le temps de la paix nouvelle, que vous étiez donc triste, obscur et glacé...

Il faut bien que je le dise, que la lumière des heures était voilée, et le ciel plein de brume, puisque c'était ainsi.

L'on n'en finit pas de se répéter que nous allons avoir à vivre sans eux. L'ami charmant dont l'esprit était nécessaire au nôtre, celui dont la jeune force emportait les obstacles, leur absence fait au milieu de nous un vide déconcertant. Nous savions qu'ils allaient manquer. Il a fallu le sentir. Le deuil nous a déchirés, et recommence.

Un an de douze mois, depuis l'armistice. Si les affaires de la France demeurent confuses, il se peut que les vôtres aient repris leur cours. Vous voyez qui vous plaît, qui vous sert, qui vous aime. Le plaisir et l'intérêt sont réveillés. Vous vous êtes assis devant des tables qui voulaient être heureuses. Peut-être avez-vous dansé. Il vous est arrivé de rire.

Il ne se peut pas que votre sourire lui-même ne soit à chaque instant effacé par une pensée : l'Ombre de celui qui devrait être là. Alors, vous vous repliez. Vous disposez toutes choses en vous pour n'être pas indigne de lui. Vous voulez percevoir un souffle. Vous entendez un murmure, qui est le sien. Vous vous jurez qu'il parlera par votre bouche. Vous vous représentez encore son sacrifice, la chute et les blessures du corps, le martyre de l'âme.

Le martyre... Puisque c'est dans le martyre que l'être peut regretter sa vie et la donner, en connaître le prix et la prodiguer, accepter et pourtant souffrir.

L'héroïsme de la Marne a été récompensé deux fois par la victoire.

Mais ceux de Verdun n'avaient pas l'espérance de vaincre. Ils mouraient afin de permettre à d'autres après eux de délivrer ce qu'ils gardaient seulement, grâce à tout leur sang répandu. Il y a ainsi dans leur courage un surcroît de renoncement, une austérité, une passion désespérée, dont la France ne voudra pas perdre le souvenir.

Or, l'on a trouvé dans les champs de Verdun des épis de fer perçant le sol.

Les fusils de ceux qui sont morts debout.

Qui ont été ensevelis debout, dans le bouleversement de la terre autour d'eux.

Leurs mains sont là-dessous, fermées sur le bois de la crosse.

Faites doucement : ces fleurs et ces drapeaux que vous mettez dans la tige d'acier, le choc en est transmis.

Un jour, le travail de l'argile aura tout dissous et tout recouvert.

Nous vivants, et les enfants de nos enfants, que ces témoins soient respectés. Qu'ils restent comme la mort les prit, en ligne, leur arme devant eux, sacrés et accessibles, le meilleur symbole de la fidélité [1].

LES DRAPEAUX DE 1918

L'armée peu à peu réduite, cinquante régiments dissous n'ont plus que leur drapeau. Pour honorer ces unités abolies, M. le maréchal Pétain, ce 13 juillet 1920, a confié leurs couleurs au musée de l'Armée. Le casernement est beau.

Vous pouvez les admirer dans la salle Turenne, rangées le long de la muraille, à gauche et à droite de la grande vitrine où sont dressés l'habit brodé de Bonaparte à Marengo, la redingote grise de l'empereur et ce petit chapeau qui était, vous

---

1. L'Œuvre de l'Ossuaire de Douaumont n'avait pas encore élevé sur la tranchée des baïonnettes son beau monument.

pouvez vérifier, assez grand. Les autres vitrines contiennent des drapeaux enlevés à l'ennemi pendant les guerres de l'Empire, les magnifiques étendards rebrodés de l'ancienne Europe. Elles contiennent mille reliques, dont celles de Turenne. Sa signature, c'est-à-dire la trace de sa main, les flambeaux qui l'éclairaient, la dossière de sa cuirasse et le boulet qui le tua, gros comme la balle d'un enfant.

La salle est longue. Les deux grands côtés sont ornés d'une foule de portraits militaires, de bustes, de lithographies : les soldats de la République et de l'Empire, les batailles de Louis XIV. peintes par Van den Meulen, et, dans leurs cartouches, les initiales assez glorieuses, les deux L entrecroisées.

Si vous prenez par la cour Vauban, pour vous donner une fois de plus la joie d'admirer le Dôme, vous aurez vu que les portes ouvertes ou fermées sur le tombeau de l'empereur sont sommées des deux mêmes lettres et chargées de fleurs de lis. Si vous entrez par la cour d'honneur, avant de passer sous le grand cintre, vous aurez tenu, dans le champ d'un même regard, la silhouette du « dieu de la guerre » et le beau Louis-le-Grand équestre, d'un relief à la fois si délicat et si puissant. Entre les deux, les canons, les avions, les engins pris hier à l'envahisseur. Dans l'hôtel élevé « pour la subsistance et l'entretenement » des soldats invalides et devenu le Palais de l'Armée, tous les souvenirs du même honneur militaire joints en trophées.

Les Français de 1918 n'y feront pas petite figure. Voici le dernier mot de leur histoire : la carte où le généralissime français des armées alliées a calculé toutes les étapes des derniers combats. La signature de Foch fait pendant à celle de Turenne. Et voici les drapeaux...

Le jour d'été qu'ils furent présentés, plaisir de regarder les troupes chargées de rendre les honneurs.

Les galeries qui règnent sur la vaste cour sont noires de monde, et, sur les toits, les curieuses mansardes semblent chacune une ombre humaine attentive. Les musiques retentissaient. Sur le pavé du roi, les crosses des fusils Lebel sonnent toutes en une seule fois. Soleil. Les cinquante drapeaux parlaient au cœur.

Il y avait dans la foule plus d'un soldat blessé. J'en ai vu un que ses deux jambes brisées tenaient immobile dans une légère voiture. Blanc comme linge, il avait ses yeux fixés devant lui. Un homme en prière. Qui confirmait silencieusement le sacrifice qu'il avait consenti, remesurait en lui-même la gloire et la peine. Les soies tricolores dans la pénombre de la salle diront aux générations l'une et l'autre. C'était ce qu'il sentait, jusqu'à devoir serrer les dents pour ne pas sangloter. Je pense n'oublier jamais son visage.

L'IMAGE DE LA FRANCE

Plus de quarante mille étrangers ont servi. Onze mille sont tombés, dont près de quatre cents officiers. Chiffres qu'il faut savoir. La même gloire rayonne sur notre infanterie paysanne et sur tous ces légionnaires conduits par une image de la France.

Les survivants ont célébré, dans une cérémonie présidée aux Invalides par le ministre de la guerre et le maréchal Pétain, l'anniversaire des enrôlements de 1914. Ils ont auparavant fondé une Ligue, la *Fédération internationale des volontaires étrangers*, présidée par ce Canudo, poète et romancier français, de naissance italienne, qui a gagné sous le feu ses quatre galons d'or et le ruban rouge de sa croix.

Je le connais bien. Je le connais depuis longtemps. Pour l'avoir rencontré en Italie, dans sa ville natale, dont il surprenait l'habitant par ses manières de poète. Il possédait alors une jeune barbiche, que nous avons vu croître, devenir olympienne, et puis tomber sous le fer de la mode, en découvrant un visage romain. Je l'enviais de correspondre avec d'Annunzio. En un lieu que le soleil inondait, devant cette mer étincelante, chantée par Horace, Canudo fermant les vertes jalousies de la maison paternelle, travaillait à la chandelle et lisait Ibsen ou les philosophes de l'Inde. Un enthousiasme français l'animait déjà, dont les causes ne me plaisaient pas toutes, ou ne me plaisaient déjà plus, inspirées par une tradition révolutionnaire violente. Sa flamme, du moins, enchantait. Il nommait Paris avec un accent religieux.

Vivait, dans cette même ville de Bari, une dame ancienne que j'entendais appeler partout *la signora francese* : la dame française. Or, elle n'avait jamais mis le pied chez nous. Elle avait grandi à Constantinople, où les sœurs chargées de l'instruire, lui avaient fait un cœur français. Elle parlait une langue délicieuse, à la ferme syntaxe, et d'un tour seulement un peu solennel ou désuet qui convenait parfaitement à ses cheveux blancs, au grand air qu'elle avait. J'ai su que, longtemps après l'autre guerre, forcée de soutenir une conversation avec un Allemand, elle avait fini par s'évanouir de rage. Seule avec son mari, vieux conspirateur florentin qui avait cherché refuge en Orient, c'est encore le français qu'elle parlait. Et c'était, à vrai dire, sa langue intérieure, la forme silencieuse de ses pensées, à peine mêlées d'un peu de grec. La religieuse qui l'avait élevée avait quitté la France au commencement du siècle. Les modes avaient pu succéder aux modes et les Français varier. Elle, avec sérénité, elle avait continué de former ses élèves à la grammaire et aux lettres telles qu'elle les avait reçues de l'ancien régime...

Je suis reparti un beau soir d'été que la mer

doucement éclairée par les dernières teintes du couchant paraissait lisse et brillante, soyeuse. Le navire venait d'Alexandrie et, sur le pont, j'entendais parler français de tous les côtés. C'étaient des Égyptiens sous le fez ou bien des Européens, divers de nation et de caractère, tous réunis par ce grand et commun langage, tenu pour un signe unique, considéré comme la parole même de la civilisation.

Entre les passagers, un Anglais, officier dans l'armée du khédive. Jamais vous ne verrez *dandy* plus naturel. Ses complets de tussor émerveillaient. Les cigarettes qu'il offrait étaient marquées de ses initiales. Sa femme était Sicilienne, née en Égypte de parents siciliens, brune aux grands yeux, belle et calme, qui faisait comprendre, avec toutes ses grâces, ce que peut être la décence latine. Elle savait assez d'anglais, lui beaucoup d'italien. Ensemble, ils parlaient français. Je les écoutai dans le ravissement jusqu'à Venise, que nous vîmes glorieuse, nullement romantique, ayant toutes ses couleurs, où le rose domine, lavées par une pluie d'été.

De tels souvenirs ne seront pas importuns aux volontaires étrangers. Il semble qu'on les comprenne mieux lorsque l'on a contemplé du dehors, comme eux, cette image de la France qu'ils ont chérie, quand on a parcouru quelques-unes des routes d'où ils l'ont découverte, aussi belle à leurs yeux qu'elle le fut jamais aux nôtres.

A ORANGE, LE DEUIL DES MUSES

Nous avions entendu *Cinna*, nous avions entendu les *Phéniciennes*, tirées d'Euripide...

Le mur élève vers le ciel sa face haute : tous les souvenirs de la grandeur romaine assiègent l'esprit. Mais le temps qui l'a dépouillé de ses colonnes et de ses marbres lui a fait une seconde beauté pathétique. Sa masse l'égale à ces grands rochers que la nature a campés dans la même Provence. Sa ligne cependant et sa structure révèlent la pensée. A ses pieds vivent le figuier et le laurier. Sur le faîte, les étoiles brillent, les Chariots, le feu de la Polaire. Les arbres, la pierre rangée de main d'homme, et le ciel confrontés, il faudrait craindre qui ne sentirait pas cette harmonie.

Deux fois, un peuple entier s'est pressé sur les gradins, un peuple sage. Un peuple silencieux, dont le chant des violons ou la parole humaine cadencée suspend le souffle, qui se tait dès que la lumière naît sur le mur.

Il fait beau, l'air est léger, une chauve-souris volette doucement. Mais il n'est douceur du temps que le regret n'altère. Chacun de nous prononce en lui-même le nom de ceux qui sont morts, qu'il a connus, dont la disparition demeure injuste et incroyable. Sur les gradins d'Orange, les Ombres sont assises avec nous, nommées, appelées, — fêtées par ces larmes encloses dans le

chant funèbre d'Albéric Magnard, si grave et
plein dans le bleu de la nuit.

Les Muses que François Paul Alibert rassemble
en groupe auprès d'un tombeau, donnent à cette
émotion la voix qui parle à l'Esprit, fière, incon-
solée, qui sait vaincre à la fin la douleur sans
l'oublier. On admire ce pouvoir qu'elle a, presque
unique en notre temps, de se hausser d'une voix
égale jusqu'à l'ode, jusqu'au juste dithyrambe
et l'hyperbole sacrée :

> ... Dans leur force exterminée,
> Combien, ô race infortunée,
> Dont tout haut je n'ose compter
> La foule confuse et le nombre,
> Ont circonvenu de leur ombre
> Le passeur du rivage sombre
> D'où rien ne peut plus remonter...

A Orange la tragédie posthume de Lionel des
Rieux livre un secret. Elle a été faite pour ce
grand espace, et pour lui seulement. Le château
de la Gloriette où le comte Guillaume rencontre
la sarrazine Orabel s'élevait sur la même colline.
Des chambres de la forteresse, l'on entendait le
vent souffler dans la carrière, c'est-à-dire en
cette même cuve de granit, alors enterrée, où
nous sommes assis. L'action représente les destins
d'Orange, la reprise de la ville sur les Sarrazins,
cette bataille des Alyscamps qui décida de son
sort. Et le vers, sonore et libre, a été mesuré
par le plus conscient des poètes pour éclater
dans l'air sous le ciel : non sous un plafond doré.
Ils sont solennels et prophétiques. D'autre part,

ils semblent vouloir atténuer leur grande force oratoire, acquérir une sorte de familiarité rustique et populaire, par la facilité des rimes, l'ouverture des expressions, l'intelligibilité soudaine des métaphores.

Un bon juge est près de moi, Lucien Dubech. L'ardent Boissy frémit comme un arc tendu. Il observe, Dubech, que les vers de *Guillaume d'Orange* ressemblent verbalement à la parole de Victor Hugo. Mais les pensées qu'ils expriment ne sont pas vaines, elles ne sont pas ennemies des lois et des hommes. Leur « idéalisme » commande le progrès d'une vertu qui, loin de contrarier la nature, l'achève dans la perfection dont elle est capable. C'est alors Corneille que des Rieux rejoint.

Sa tragédie est le poème de l'honneur français.

Orabel n'est pas conquise par un autre sentiment. Guillaume, quand elle l'aperçoit, plaît à ses yeux mortels. Si leur amour avait été privé de cet attrait, de cette séduction, de ce choc du premier regard, des Rieux eût écrit une œuvre inhumaine. Vous pourriez parler de son romantisme. Mais pourtant le cœur d'Orabel est déjà ouvert à ce qui manque à sa race et qu'elle distingue chez l'étranger : une fleur de chevalerie et de courtoisie, cette liberté, cette disposition d'elle-même que le christianisme apporte à la personne.

Une fleur, c'est ce qu'elle donne à Guillaume, contre son épée. Et pour qu'il puisse garder cette fleur, Orabel comprend qu'elle doit restituer l'épée qu'elle avait voulu prendre par ruse. Désormais, tous les mouvements de son amour seront commandés par l'esprit chevaleresque. Elle en aime dans Guillaume l'incarnation. Elle admire chez Vivien la même flamme, qui le voue au sacrifice.

Il faudra que la postérité s'en souvienne toutes les fois qu'elle voudra reconnaître dans un symbole poétique l'âme des générations de 1914. Dans le serment et dans l'agonie de Vivien sont confirmés les vœux de Psichari, la promesse de Péguy, l'acceptation de Pierre Gilbert. Le téméraire serment a été, à la lettre, celui des Saint-Cyriens. L'appel aux morts que Vivien jette entre les tombeaux a retenti dans la tranchée :

Et combien survivront de Français ? quelques preux.
O Morts, permettrez-vous que leur valeur soit vaine ?
Puisque pour secourir cette innocente reine,
Puisque pour préserver cette belle cité,
Il manque des vivants, ô Morts, ressuscitez.

Le *Debout les morts* a d'avance été pensé dans une tête de poète, l'un des trois cent cinquante qui sont tombés « pour la défense de la terre et de l'esprit ».

LA FONTAINE A CHATEAU-THIERRY

Samedi, 9 juillet. L'avenue de la Gare et celle de la République, qui est la grande route de Dormans, se croisent.

Du monde au café (sur ces champs de bataille) : chandails, complets de fil-à-fil, robes claires... J'ai bon nez avec mon xviie siècle.

Premier pont sur la Fausse-Marne, pour entrer dans le quartier de l'île, où la rue Carnot est pavoisée : c'est la route de Montmirail. La Marne est au bout.

Large, encaissée, couleur d'ardoise. Et, sombre, l'eau transparente laisse voir les grandes herbes qui prolongent la rive sous le flot. Un air de gravité, de pureté. Château-Thierry, dans le vallon... *Chaury*. Petit monde ancien, dont la couleur et la ligne ont ce grand air discret, cette haute mine familière, où le voyageur reconnaît la France.

Les Allemands se sont arrêtés là, sur l'autre bord. Les pierres du vieux pont, émiettées de main française, sont parties à la dérive. Il n'en reste qu'une seule arche, où le génie militaire a accroché cette toile d'araignée qui a porté les armées des deux mondes. Vous traversez, vous admirez la proportion des quais, où les maisons, qui pourtant ne doivent pas être toutes aussi vieilles, évoquent en groupe ce xviiie siècle, terme de l'ancienne France, dont la nouvelle n'a jamais pu se déprendre.

La rue du Pont, qui s'arrête aussitôt contre la pente, devant l'hôtel de ville, mène aux ruines de la guerre. Quelle pitié ! Sur la place jetée par terre, les derniers murs inscrivent dans l'espace leurs profils déchirés. C'est à gauche qu'il faut prendre, par la Grande-Rue, pour arriver à la

maison de La Fontaine. Elle est en équerre ;
le bâtiment parallèle à la rue a des murs exté-
rieurs qui sont neufs sur les anciennes fondations,
mais le corps de logis qui est à droite est aussi
gris que possible. La porte est close, revenons à la
Marne.

La Fontaine est campé entre ses tilleuls dont
la feuille légère fait ombre à peine. Un obus a
touché la jambe gauche, qui ne tient plus qu'à
un fil de pierre. Il a le fleuve à son côté, il suit du
regard le flot qui s'en va. Est-ce que vous savez
jusqu'où ? C'est la cote 204 que La Fontaine
considère au loin. Le bois Belleau, si vous aimez
mieux [1].

Ce que La Fontaine est à nos yeux ? Une vraie
Bible. Nous n'aimons pas une générosité osten-
tatrice. Nous admirons l'aide qu'il nous apporte,
sans déclamer ni paraître s'attendrir. Que l'étranger s'y trompe, et le juge froid : nous goûtons sa
politesse. La Fontaine le bien nommé est encore
une source de poésie vivace : toute l'encre des
valets de collège ne l'a pas troublée. Ou bien,
nous l'en avons lavée, grâce, pour commencer,
à l'École Romane. Nous savons sentir sa musique,
son feu, sa grâce, il touche nos nerfs. Témoins
ces vers que Charles Maurras se plaît à citer :

> Cinq ou six beautés insignes
> Ayant de beaux cheveux blonds
> Et les cols non pas si longs
> Que des cygnes
> Mais aussi blancs sans mentir

1. La remarque est de Pierre Benoît.

La poésie de La Fontaine nous est redevenue amie. J'étais curieux de voir quelle gloire populaire, dans son Chaury natal, répondait à notre sentiment.

Eh bien, ils l'ont fêté par des musiques parcourant la ville. Ils l'ont fêté par une retraite aux flambeaux, dont le beau moment fut à l'heure que toute la ville défila sur le pont, balançant au-dessus des têtes les lampions multicolores. Et le nom du Boche était rappelé au milieu des rires par un peuple qui allait danser. Ils l'ont fêté en assiégeant les chevaux de bois. Ils l'ont fêté en buvant la bière et l'anis, dans ce Café du Commerce, dont les Boches ont étoilé la glace de cent coups de revolver. Ils l'ont fêté en gravissant sous le soleil (par *un chemin montant, sablonneux, malaisé...*) la pente du château. Et ils citaient en route les fables. Ils l'ont fêté dans un banquet municipal et parisien, fêté sur la place en écoutant M. Léon Bérard, quand il s'armait de La Fontaine pour défendre les humanités, et Alfred Capus, qui montrait dans les Fables un répertoire de l'expérience heureuse. Quoi encore ? Les gens de Chaury ont parlé dans la maison de La Fontaine par la docte bouche de M. Pommier, à l'église par celle de M. le curé de La Ferté-Milon (trop ennemi de la Renaissance, comme si du Moyen Age à elle, il y avait eu l'on ne sait quel abîme). A l'église encore, les gens de Chaury ont chanté son beau *Dies iræ*. Sur la rivière, ils ont promené le soir des barques lumineuses, et l'une d'elles figurait, d'un rose ardent, le héron au long cou. Enfin, je vous le disais, filles et garçons ont ballé aux étoiles.

Mais je suppose que vous attendez quelque chose de plus rare, un aveu parti de plus profond.

Les gens de Chaury, quand ils parlent de La Fontaine, le nomment « notre Jean ». Ils ne sont pas loin de le tenir pour une espèce de saint, en tous cas pour le patron de leur ville. Le maire l'a solennellement déclaré au banquet officiel, et je croyais à quelque effet d'éloquence, mais j'ai entendu la foule, je suis témoin qu'elle parle ainsi. Patron de la ville ! La Fontaine l'a bien prouvé, le jour qu'il empêcha les Boches d'aller plus loin, qu'il les arrêta par la manche. Et pour honorer l'anniversaire de sa naissance, il les chassa finalement. C'est un fait. A quelques jours près les deux dates coïncident, en juillet.

Il n'est pas un habitant de Château-Thierry qui n'établisse quelque rapport entre sa délivrance et le souvenir de Jean.

Le beau symbole que c'est ! La civilisation qui sut victorieusement se défendre a dans La Fontaine l'un de ses fondateurs. Que le patriotisme redouble sa gloire, vous vous en réjouirez.

Vous ne savez pas à quelle exaltation les gens de Chaury portèrent leur gratitude dans le théâtre de verdure. C'est une œuvre charmante que *la Coupe enchantée*, et ils l'écoutèrent avec plaisir. Elle est d'une belle langue où le talent de Champ-meslé a voilé le génie du fabuliste, mais c'est un autre charme que d'y reconnaître celui de la

France dans le fond des pensées et l'assemblage des mots.

Les gens de Chaury applaudirent dans le plus vif bonheur Berthe Bovy, Dussane, Nizan, et Denis d'Inès, Granval, Numa, Lafon, Dorival Drain, Chaize. A la fin, Sylvain en tête, les Comédiens français vinrent, en manière de remerciement, dire des fables. Mme Dussane récita *les Loups et les Brebis*, Denis d'Inès l'*Alouette, ses petits et les maîtres d'un champ*. Alors nulle tête bien faite sous le ciel de Chaury ne put douter que La Fontaine n'ait été commis pour la garde éternelle de la ville, car le premier de ces mythes exemplaires conseille de se défier d'un ennemi sans foi, le second de compter sur ses amis beaucoup moins que sur soi-même.

Si l'on osait, l'on en ferait une apostrophe aux Français.

XI NOVEMBRE

Avant que les images aient pâli, l'on voudrait que tout homme tenant une plume prît la peine de noter les souvenirs, s'il en a, de la belle journée. Il ne faisait ni chaud, ni froid, le soleil avait encore beaucoup de force, sa lumière produisait un or chaud.

A onze heures du matin, les lignes d'hommes entre la mer et les Vosges virent s'écarter la Mort. Les soldats n'ont-ils pas gardé, peinte sous la paupière, la forme du dernier nuage de fumée, captive de leur oreille la dernière détonation ? Les quatre années misérables, ascétiques, patientes, glorieuses d'une gloire nouvelle, plus discrète et pathétique, ont-elles soudain déroulé dans leur esprit mille tableaux successifs, tous précipités, tous perdus dans ce brusque aspect de l'immense bataille soudain muette ?

Mes propres souvenirs sont plus petits. Je n'ai pas fait la guerre, je l'ai passée, soldat auxiliaire, dans le bureau d'une usine. Nous venions là tous les matins depuis quatre ans, et qui travaillait honnètement, comme il le devait, qui baguenaudait sans scrupule. Nous arrivions à 7 heures, jusqu'à 19 heures. Soit dix heures et quart de présence qui, réellement ne laissaient pas beaucoup de substance grise à qui les avait bien employées. Ce qui gênait, ce n'était pas de besogner d'ingrates paperasses ; c'était d'être là à la cloche, encore que je m'y efforçasse, et c'étaient mille consignes inflexibles dont je n'avais certes pas l'audace de me plaindre, fût-ce à moi-même, mais qui serraient de toute part le capricieux homme de lettres embrigadé.

Les grilles de l'usine ne s'ouvraient jamais que par ordre. Le 11 novembre, tandis que, dans le vaste ciel visible au-dessus de la Seine, le canon retentissait, le 11 novembre elles s'ouvrirent toutes seules. Qui donc les ouvrit ? Quelle main ? quel cœur ? Nous étions tous dans la cour. Hommes et femmes nous étions dehors. Nous étions sur le quai. Sur le pont. Sur le boulevard.

Nous avions tous pris le chemin de Paris.

Nul ne chantait. Nous pressions le pas, pressés de nous jeter dans le flot du peuple français, heureux entre les murs de la ville. Nous n'étions pas des gens qui fussent informés du secret des choses. Nous n'avions rien su précisément que de la voix de fer, de ce même fer que nous avions travaillé et compté. Ce que nous supputions, ce qui faisait d'abord l'objet de toutes les conversations, je me le rappelle. On discutait l'itinéraire des soldats vainqueurs à leur retour, l'on disait que sans eux nulle fête n'était possible, la pensée de se réjouir sans eux aurait semblé impie.

Ceux qui les attendaient voulaient seulement se voir tous ensemble confondus, ils voulaient parcourir ensemble les rues enfin délivrées, se reconnaître frères au visage et dans les yeux.

Jamais plus grande foule assemblée n'a fait moins de bruit. De la porte jusqu'à l'Arc de triomphe, de l'Arc jusqu'à la place aux douze statues, de là jusqu'aux deux autres portes, de triomphe elles aussi, un fleuve humain coulait. Place de la Concorde, quand cette belle jeune fille blonde chanta *la Marseillaise* devant la statue de Strasbourg, et que le peuple l'écoutait, je me souviens qu'une pauvre femme en deuil la regardait de toute son âme, les joues baignées de larmes. Silence ! pas un cri.

C'est bien plus tard que les Américains entraînèrent les Français dans une espèce de ronde, toute pleine de trompes, de joyeux sifflets, de chants sioux. Ils envahirent Paris à pied ou dans leurs chariots automobiles. Je ne médis pas de leur exubérance, même je revois sans trop de déplaisir, dans un petit restaurant de la rive gauche, la peinture où s'est gardée l'image des boulevards soulevés par leur sarabande.

Je préfère ces premières heures que j'ai dites, où le bonheur de chacun au milieu de tous ne se trahissait que par un souffle plus libre ou par un plus vif regard. Dignes, dans leur décence, de la grande âme de Foch, lorsque, diplomate et soldat, il obligeait dans son vagon, avec la plus froide politesse, les Allemands chicaniers à *demander* l'armistice.

LE VOL DE L'HOMME

OU

LA PROCHAINE GUERRE

D'ici peu les gens enfourcheront leur aviette, et ne songeront non plus à s'ébahir que vous-même du chemin de fer. Mais il est encore temps d'admirer le vol de l'homme.

Les siècles filent l'un après l'autre, comptés avec patience, l'homme paraît avoir oublié Icare et les oiseaux. Après vingt mille ans, au temps de Pascal, il voyage comme au temps d'Arta-xerxès, sur la plante de ses deux pieds, ou assez fier d'avoir inventé la roue. Jusqu'à ce que, pour avoir découvert la force d'un feu de paille, il se prît à regarder du côté des nuages en poète mécanicien.

C'était pour rire, moitié figue moitié raisin, que le seigneur de Bergerac imaginait de s'évanouir comme dans les rêves. C'est avec le son de voix de l'espérance qu'un certain Bodin, baptisé Félix,

nomme en 1835 les futures machines à voler.
Les *Aérostats*, dit-il exactement. Les premiers
chemins de fer s'époumonnaient dans la plaine.

Entre les deux je n'oubliais déjà que les Mont-
golfier. Voilà comme nous sommes ingrats !
C'est que nous sommes blasés, nous méprisons
les ballons, nous songeons avec un dédain ina-
vouable qu'ils ont seulement flotté, qu'ils ont
mis un siècle à trouver un semblant de direction,
que Dupuy de Lôme n'aurait peut-être reçu du
grand Léonard qu'un compliment distrait. Et
pourtant, imaginez le bonheur de ces deux-là,
penchés à leur balcon dans la nue, entre la casso-
lette de flammes et la sphère de papier où le goût
magnifique du temps a mis des festons et des
astragales. Leur cœur se dilate. Demain ils rivali-
seront avec les gypaètes, c'est un commencement. Dans leur habit à la française, les cousins
de Prométhée.

* *
* *

Revenons à M. Bodin, membre de la Chambre
des Députés. L'un de ces honnêtes gens qu'il
y avait lorsqu'il n'était pas besoin de génie pour
savoir écrire décemment. Il cite Horace, Virgile
et Leibnitz. Il donne des noms grecs à ses personnages et les traduit « pour ses lectrices ». Il a du
jugement et de la pénétration, comme on disait
encore, laissant le mot psychologue, ou psycho-
logiste, aux philosophes. Il trouve bizarre cette
époque qui est la sienne, « où l'on voit des vieil-

lards optimistes et des jeunes gens désenchantés ».
Aux lyriques contempteurs du charbon, il répond
qu'ils ne devraient pas s'émouvoir : « Tant que
le système nerveux existera, il y aura de la poésie
sur la terre ».

Bodin a observé que les romans parlaient
toujours du passé, comme il est naturel, puisque
le présent s'efface à l'instant et que l'avenir
est inconnu. Mais lui, Bodin, oubliant Campa-
nella et Thomas Moorus, ou connaissant bien
leur extravagance, il veut créer, genre nouveau,
la littérature futuriste. C'est son mot. Il veut essayer, avec prudence, le *Roman de l'Avenir.*
Il sait que la pensée humaine, « même aidée
de l'interrogation magnétique » est vite à bout
de souffle. Il se souvient du déclamateur Mercier
qui, rêvant l'an 2440, n'avait deviné ni le gouvernement représentatif, ni les pantalons, ni les
cheveux à la Titus.

L'action est « au xxe siècle de notre ère chrétienne ». Le mémorable Congrès de Constantinople a fait connaître à toutes les nations par
des signaux lumineux (belle malice, Chappe
est de 1793 et se souvenait des Gaulois) deux
étonnantes nouvelles :

1° La guerre est interdite.

2° L'esclavage et la polygamie ont disparu.

Pour la guerre, attendez. Et quant à la polygamie, nous n'en parlerons pas aujourd'hui.

Bodin a prévu la séparation de l'Asie et de
l'Afrique et le canal de Panama. Il a prévu,
bien que trop vite, l'épuisement de la houille,

mais point les cascades. Non plus l'automobile. Dans sa Nouvelle Carthage, il attelle au char de la Fondatrice quatre lions couplés. Cérès n'en avait que deux. Bodin appelle cette princesse la nouvelle Didon. Elle est de droit industriel, fille ou petite-fille de l'ingénieur (américain, voyons ; américain déjà) qui perça les isthmes et qui avait nom Wilson. Sa royauté est naturellement conçue comme une utilité décorative. Le pouvoir étant exercé par des assemblées élues : au-dessus d'elles, par les *Nobles Capacités Intellectuelles (N. C. I.)* et les *Illustres Puissances Industrielles (I. P. I.)*. Je jure que je n'invente pas !

I. P. I., N. C. I., littérature futuriste, conférence de Constantinople, la paix universelle établie par décret, la suprême puissance politique aux mains de l'argent, Suez, et cet homme nommé Wilson qui montre obscurément son nez entre les signes, Bodin a vraiment lu dans les astres. Qu'il s'y soit embrouillé, j'aurais voulu vous voir à sa place.

Le plus beau, pour finir. Évoluent dans le ciel futur, *plus lourds que lui*, des *aérostats* de toutes sortes, qu'il dénomme *milans, corbeaux, pigeons* ou *hirondelles*. En somme, les *taubes* de 1914 et l'escadrille des Cigognes. Que le monde est petit ! Que la parole est courte ! Bien entendu, les célestes vaisseaux servent à faire la guerre. Bodin n'en doute pas. Et j'aimerais que Jacques Boulenger fît la critique de leurs combats, en archiviste paléographe et en aviateur. Aétos, empereur des airs, compte sur sa flotte sidérale pour conquérir le monde, ayant rassemblé à cet effet dans les déserts de Mongolie une armée de trois cent mille Tartares.

*
* *

L'homme qui vole...

L'oiseau factice est posé sur le sol. Des ouvriers plongent leurs bras dans la carcasse. Un homme à mine de chef va et vient, touche un filin, fait sonner du doigt la toile et consulte, augure inquiet, les vents et les nuages.

On voit bien que l'homme naît tout nu. Quelles histoires, pour n'être pas assassiné par le froid, où les vrais oiseaux s'ébattent, comme poissons dans l'eau ! Paquets de toiles cirées luisantes, kilogrammes de laines bourrues. Celui qui va voler ressemble finalement dans sa combinaison et sous le passe-montagne au chevalier de la tapisserie de Beauvais. Voilà qu'il enjambe l'appareil, s'installe, parle un peu. Il est commodément assis. Le temps a vite passé du pylône de Wright et de cette escarpolette où Santos-Dumont se balançait au-dessus du vide. L'un des pages se jette sur l'hélice, l'ébranle, et saute. Deux ratés, puisque c'est le terme. Au troisième assaut, la machine bouge. Elle avance, auto bizarre qui tient mal, ou cerf-volant qui balbutie. Un dernier bond. La machine a changé de règne, elle vit.

Tu as levé la tête. Décrivant de grands cercles,

l'avion franchit d'invisibles degrés. Sa couleur a diminué, tu ne distingues plus son détail. Deux ailes fixes, et l'homme imperceptible au milieu, qui pense, comme c'est son métier.

« L'appareil penche un peu, se redresse, parfois semble glisser de côté dans l'air, autobus qui dérape... Mon angoisse primitive se dissipe et je regarde par-dessus le bordage. *Notre ombre déformée court rapidement sur le sol...* Et puis, grand calme, l'entrée imprévue dans un monde dessiné suivant un parti-pris décoratif. Plus haut... La terre entière semble tourner d'un mouvement continu et lent. A droite, Paris, ses maisons roses et grises qui transparaissent dans la brume, et la tour brillante de soleil. Le moteur ronfle, petit bruit qui nous soutient au-dessus du monde. Le ciel est comme une coupole d'acier étincelant, et nous sommes portés en son milieu par une main invisible. »

Pour descendre, l'allumage coupé, on pique du nez et l'on plane. Les branches de l'hélice apparaissent. La terre a repris forme et couleur. Des côteaux. Les hangars. Stop. Voici l'herbe. Ceux qui reviennent du ciel se dégagent, et se sentent lourds.

En 1913, quand nous lisions cette page de Raymond Guasco, nous délirions. Nous rêvions à l'homme qui, le premier, cessa d'errer, à celui qui, le premier, eut l'idée d'enfermer dans une boîte un secret.

Mais je sais une enfant, de dix-sept ans aujourd'hui, qui vit passer à sa fenêtre, lorsqu'elle en

avait cinq ou six, un avion mal engagé entre les
parois de la rue, à vingt mètres du pavé. Une
sauterelle au télescope. Et la petite fille admirait
à grands cris que ce fût une « si grosse bête, avec
une bouche » lorsque découvrant le navigateur
qui menait cette barque, en un clin d'œil elle
s'en désintéressa. La belle affaire, puisque l'homme
s'en mêlait !

*
* *

Sur son avion de 1913, Raymond Guasco était
trop sage pour vouloir se détacher tout à fait de
« la roue des choses ». Si doucement bercé, il ne
perdait pas de vue la lunette de visée, le miroir,
le tube lance-torpille. Et il allait mourir à la guerre,
y disparaître comme Alain Fournier et André
du Fresnois, poignées de cendres mêlées à l'air
que nous respirons. Je l'avais rencontré pour la
dernière fois à Alger, perché sur une automobile
où ils étaient bien huit ou dix. Le bras levé,
il discourait, il criait plutôt, la bouche pleine
de vent, jeune visage brun et rasé, sans chapeau,
les cheveux rejetés, les yeux brillants de vie.

Dans les quatre années sinistres, la vitesse
aérienne a doublé. La sauterelle du temps jadis
est devenue éléphant. Comme nous avons vu
le *Nautilus* de notre enfance traverser l'Atlan-
tique, nous voyons s'envoler des diligences. La
poste règne dans les cieux. Et, ce n'est pas ce
que je veux nier, il y a autant de *poésie*, sur l'autre
face des nuages, celle que les hommes n'avaient

jamais vue, autant de poésie, bien que, plus monotone, que sur la route enrubannée où le postillon faisait claquer sa mèche. Mais les petites filles jouant sur les pelouses du bois de Boulogne, que les taubes bourdonnants de 1914 faisaient rire, pourront palpiter à leur tour des merveilles qui nous sont promises. D'horribles merveilles dont il est mystérieux qu'on ne tremble pas d'avance.

Dans les seuls douze mois qui ont suivi l'armistice, 12 fois 30 jours, l'art de tuer a été parfait de telle sorte que la guerre des nations paraît désormais innocente, avec ses pauvres gaz à ras de terre, ses avions isolés, ses obus rectilignes, ses fusils individuels. Encore enfermée dans les laboratoires, si bien que les hommes n'ont à craindre pour le quart d'heure que les escadres de l'Empyrée et les vapeurs de l'espace, la guerre nouvelle, quand elle en sortira, glacera la terre.

Nous avons pénétré dans le système d'ondes qui composent l'univers et dont la plus grande part échappait à nos sens. Nous avons introduit nos appareils dans le jeu de ces imperceptibles vibrations et, captées, elles transportent notre parole. Cet avion qui monte et vire, qui s'élance, qui revient, il est guidé par un homme qui n'a pas quitté le sol, qui est assis chez lui, dans une baraque, devant un clavier. Entre les deux ailes, il a disposé à sa place un cerveau mécanique, entièrement docile, et lui commande.

L'obus, un jour, gracieusement suspendu au terme de sa course, aura l'air de délibérer comme un animal conscient. Il cherchera son but. Il jouera avec sa victime comme un chat. Le même miracle qui vous berce d'un concert lointain, encore nasillard, finira par promener sur la mer des vaisseaux fantômes, des vaisseaux inhabités qui sauront leur route. Les laines d'Australie pourront être acheminées sans fil : vive la paix ! Mais vienne la guerre, les culs-de-jatte seront enfin soldats. Un bouton pressé, le fameux bouton du mandarin, et saute aux antipodes la ville ennemie, pour si peu qu'elle tarde à opposer onde à onde. Les éléments seront des armes homicides, la lumière et le son, Kipling l'a très bien vu : ce n'est qu'une question d'intensité. Et Branly a conseillé d'ouvrir hors des villes des galeries profondes qui soient prêtes le moment venu et non trop tard. Les hommes n'auront de refuge que sous la cuirasse planétaire, en y dérobant les rouages de la vie et de la mort. Mais nul ne semble l'écouter, et j'admire moi-même mon courage à braver le ridicule de cette Apocalypse.

Si la guerre est proche ou lointaine, c'est ce que tout le monde ignore. Je ne dis pas que les hommes ne réussissent longtemps à l'écarter. Je dis : voyez comme elle sera si elle éclate demain. Je dis : voyez comme elle peut être après-demain. Montée comme une horloge. Et souvenez-vous qu'en 1912 les économistes vérifiaient au tableau noir l'impossibilité de la guerre. Trois mois au plus, faute d'argent. Passait pour fou quiconque objectait que la guerre se fait avec du fer plus qu'avec de l'or. Il n'y fallut, en outre, que beaucoup de papier.

Nous avons suivi en pensée *le Goliath* comme les contemporains de Colomb ses caravelles. Et le port de Palos est aujourd'hui relié à la Santa-Maria par T. S. F. Mais le cœur humain est le même, toujours le même.

Si c'est un refrain, il n'est pas bête.

Appendice.

—

REQUÊTE A L'ACADÉMIE FRANÇAISE

La lettre ouverte dont voici le texte a paru dans l'*Opinion* du 23 mars 1923. Elle justifiera plusieurs remarques faites au cours de ces entretiens.

Le plus grand malheur n'est pas que l'Académie reçoive le mot interview. *C'est qu'elle lui garde son orthographe étrangère.*

A travers les siècles, les mots étrangers sont nombreux que nous avons absorbés. Ils ne passaient dans notre langue que modifiés, transcrits, assimilés.

En principe, l'on tâchait de rendre la prononciation plutôt que l'orthographe. Le véritable usage étant l'usage parlé. C'est ainsi que l'allemand sauerkraut, *pris avec l'accent du Rhin (à peu de chose près* sourkroute), *a donné* choucroute. *Il y a, en pays d'Aragon, une danse nommée la* jota. *Les Français établis en Espagne, quand ils parlent français, disent :* la rote.

A l'occasion, nos pères ne craignaient pas d'altérer le mot étranger jusque dans sa prononciation, par respect du génie de notre langue. A Rome, les belles filles qui vendent des fleurs se nomment des ciociare (prononcez, à peu près, chocharé). Le XVIIIe siècle français les nommait des chouchardes. Il faudrait méconnaître le français populaire et son tour délicieux pour ne pas être charmé du vocable. Autre exemple, plus connu : vetturino (cocher) est devenu voiturin. De la même manière, l'espagnol menino a fourni menin, au XVIIe siècle, quand on composa la maison du Dauphin, fils de Louis XIV.

Medianoche reproduit naturellement telle quelle l'orthographe espagnole, mais on mangeait l'e final pour éviter de rompre le rythme gaulois, et, d'autre part, médianoché, avec l'accent sur la dernière syllabe, eût été plus loin de la prononciation espagnole que médianoche. Cependant l'on a toujours écrit xérès en parlant du vin (à l'ancienne, les Espagnols aujourd'hui écrivent jerez), bien qu'on doive prononcer quérès. Exception peut-être unique : on ne l'expliquerait pas en disant que c'est un nom propre, car les noms propres eux-mêmes étaient manipulés. Mais qu'est-ce qu'une exception ? Je vois dans celle-ci une coquetterie de buveur chic, contredisant les géographes.

Par contre, l'anglomanie du XIXe siècle et la décadence de l'usage oral ont encombré le français d'un tas de mots anglo-saxons introduits comme par force avec leur graphie originelle. De telle sorte que le peuple étant égaré par les mondains, les négociants et les demi-lettrés xénophiles, il fallut que des écrivains isolés fissent le métier du peuple. D'ailleurs, non sans fruit, puisque grâce à eux, vagon *a finalement et officiellement remplacé* wagon, *sur l'ordre de M. Noblemaire, P.-J. Toulet a de même proposé de dire un* clounc. *M. Marcel Boulenger, le* trámevet. *S'il n'y avait pas eu de journaux quand on fit les premiers* tramways, *le peuple, qui entendait* tramouais, *les aurait nommés des* tranvoies (cf. choucroute). *A présent, il est trop tard. Rallions-nous à* tramevet.

Messieurs les Académiciens, un Français de France qui lit interview *devrait prononcer* interviève. *Tiens ! Ce n'est pas laid. Mais dans l'état actuel des mœurs, ce ne serait jamais qu'une bizarrerie personnelle, et il y a donc avantage à fixer par des signes français la voix anglaise que tout le monde suivra. Tracerons-nous donc* interviou, *comme on l'a proposé ? Ou, puisque le mot est féminin,* intervioue, *de préférence ?*

Ces formes paraissent tronquées. Elles laissent en route ce w *que la prononciation anglaise ne néglige peut-être pas absolument, et dont nos yeux, en tout cas, ont pris l'habitude.*

Messieurs, que diriez-vous d'interviouve *?*

*Un bon écrivain français pouvait travailler toute une vie d'homme, et n'avoir jamais véritablement besoin d'*interview. *Il faisait alterner à propos* conversation *et* entrevue, dialogue *et* entretien, discours *et* propos, déclaration *et* aveu, manifeste *et* proposition. *Mais enfin, tout barbare qu'il fût devenu, l'usage s'étant prononcé, Messieurs, vous*

vous inclinâtes. Nous vous supplions, ayant obéi à sa loi orale, de lui imposer à votre tour la vôtre, qui est celle de l'Ecrit. Toutes deux sont légitimes, elles se complètent, leur accord importe beaucoup, et vous en êtes, au moins par définition, les souverains arbitres.

P.-S. — Je repense aujourd'hui à *xérès*, dont je n'avais pas su résoudre la difficulté. Il me semble qu'on n'a pu se déterminer à écrire *kérès*, par ce *k* qui a toujours effrayé, ni *quérès*, qui a dû paraître affecté. L'on a utilisé plutôt l'affinité des deux lettres *k* et *x*, cette dernière pouvant bien souffrir d'être prononcée *k* (comme dans la première syllabe d'*ex-cepté*), même au commencement du mot. L'essentiel était de *dire* le son, mais *français*, qui, dans le cas donné, ressemblait le plus à la gutturale espagnole. Une victoire analogue de l'oral sur l'écrit, lorsque, pour des raisons particulières, l'écrit ne peut être modifié, est à signaler, par exemple, dans *Breuil* pour *Broglie*, dans *Schnèdre* pour *Schneider*. La grande règle est en somme la suivante. CHAQUE FOIS, FRANCISER LE PLUS POSSIBLE. Casuistique dont nous finirions par devenir incapables si le génie de la langue nous abandonnait. *Interview*, qui est impossible, n'a rien d'inviolable.

Achevons par une remarque qui ajoute un trait heureux à la chronique de 1923. Notre régie anglomane a mis en vente des cigarettes que les buralistes nomment des *fassions*. Je vous en prie ! Ne l'oubliez pas. Laissez votre *Fashion*. La bouche en cœur : *féchieune*. Ne faites pas rougir ces braves gens. Ils ont raison. Dites comme eux. Pour une fois que l'*usage* est vraiment saisi, laissez-le faire.

TABLE DES MATIÈRES

ACHEVÉ D'IMPRIMER
LE 12 JUILLET 1923
PAR F. PAILLART A
ABBEVILLE (FRANCE)

ÉDITIONS DE LA NOUVELLE REVUE FRANÇAISE

DERNIÈRES PUBLICATIONS

PAUL MORAND .. .. FERMÉ LA NUIT
PRIX DE LA RENAISSANCE 1923
UN VOLUME.. .. .. 6 FR. 75

JACQUES DE LACRETELLE. .. .. SILBERMANN
PRIX DE LA VIE HEUREUSE 1922
UN VOLUME.. .. .. 6 FR. 75

PIERRE MAC ORLAN .. .. LA CAVALIÈRE ELSA
PRIX DE LA RENAISSANCE 1922
UN VOLUME .. .. 7 FR.

PIERRE MAC ORLAN .. .. LA VÉNUS INTERNA-
TIONALE .. .. 6 FR. 75

MARCEL PROUST .. SODOME ET GOMORRHE. II.
TROIS VOLUMES. CHACUN .. .. 6 FR. 75

JULES ROMAINS. .. .. LUCIENNE
UN VOLUME.. .. .. 6 FR. 75

RABINDRANATH TAGORE .. POÈMES DE KABIR
TRADUCTION DE Mme MIRABEAU-THORENS
UN VOLUME. .. .. 7 FR.

JEAN SCHLUMBERGER .. LE CAMARADE INFI-
DÈLE. .. .. 6 FR. 75

ABEL HERMANT.. .. .. *Le cycle de Lord Chelsea.*
    I. LE SUBORNEUR .. .. .. 6 FR. 75
    II. LE LOYAL SERVITEUR .. 6 FR. 75
    III. DERNIER ET PREMIER
       AMOUR .. .. 6 FR. 75
    IV. LE PROCÈS DU TRÈS HONORABLE LORD
       UN VOLUME.. .. .. .. (sous presse)

MAX JACOB. .. .. FILIBUTH ou la Montre en or
    UN VOLUME .. .. 7 FR.

HENRI POURRAT .. .. LES JARDINS SAUVAGES
    UN VOLUME.. .. .. 6 FR. 75

JEAN MARQUET.. .. .. NESTOR, patron pêcheur
    UN VOLUME.. .. .. 6 FR. 75

COLLECTION «LES DOCUMENTS BLEUS»

I. Prof. S. FREUD. TROIS ESSAIS SUR LA THÉORIE
    DE LA SEXUALITÉ .. 6 FR. 75
II. JULES ROMAINS et GEORGES CHENNEVIÈRE.
    PETIT TRAITÉ DE VERSIFICATION.. 6 FR. 75

www.ingramcontent.com/pod-product-compliance
Lightning Source LLC
La Vergne TN
LVHW021655060726
842527LV00003B/914